U0945388

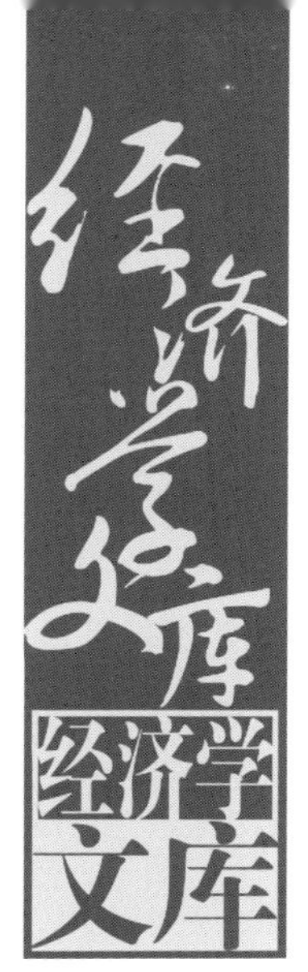

新新贸易理论：异质企业与国际贸易

易靖韬　著

中国人民大学出版社
· 北京 ·

序言

随着国际分工深化，过去以产业为基础的贸易理论已经无法解释国际贸易领域新出现的企业主导的国际化模式，新新贸易理论基于企业异质性的视角对于这种现象进行了解释，是国际贸易研究中的一种开创性的尝试。国际贸易理论微观化的发展为国际贸易理论和国际贸易实践在大数据平台上的融合提供了重要的学术研究契机。

围绕这一研究主线，作者于 2011 年申请了国家自然科学基金青年项目“从异质企业贸易模型的视角研究中国企业层面的贸易和投资行为”（批准号：71003102），2014 年申请了国家自然科学基金青年面上连续资助项目“基于异质企业贸易模型研究中国企业创新行为异质性与国际化战略”（批准号：71373010），希望能以这些项目为依托从异质企业贸易理论的视角对中国企业参与国际贸易和国际分工过程中呈现的新模式和新特征进行深入研究。本书呈现的系列研究正是这些研究项目的研究成果。

本书立足于 21 世纪以来新新贸易理论的前沿，在中国特定的情境中拓展经典的异质企业贸易模型，通过微观层面的高位细分数据考察中国企业参与全球化的组织模式，深度揭示在全球化时代和中国开放型经济发展新阶段中的中国企业参与国际贸易和国际分工的基本特征及其发展趋势，为我国企业未来全面走向国际提供重要的理论依据和政策指导，促进中国从贸易大国向贸易强国的战略转型。本书的学术贡献主要表现为通过融入中国特征拓展现有的以发达国家企业为中心的异质企业贸易模型的解释内容和解释范畴，增加了中国实践经验对于主流国际贸易理论的知识贡献。

随着新新贸易理论的发展脉络逐渐丰富，本书主要围绕贸易开放和竞争所产生的资源配置效应这一条主线来开展研究，涉及的内容从单产品的异质企业贸易模型拓展到多产品的异质企业贸易模型，研究贸易开放和竞争加剧引致的产业内的企业间的资源配置效应和企业内的产品间的资源配置效应。本书第1章讨论了新新贸易理论在国际贸易理论领域的重大理论突破和最新的经验证据，第2、3、4章围绕单产品的异质企业贸易模型研究企业间的资源重置效应，第5、6、7章围绕多产品的异质企业贸易模型研究企业间的资源重置效应，还研究了企业内的资源重置效应，即优胜劣汰不仅发生在企业之间淘汰生产率低的企业，而且会发生在企业内产品之间淘汰没有竞争力的产品或工艺。第8章讨论了新新贸易理论的发展趋势和可能的研究方向。

尽管本书的内容和结论还不成熟，我们的相关研究也还在继续，但是考虑到研究成果的时效性，我们整理了一些研究成果先行出版，以期推动国内新新贸易理论研究的深入开展。本书内容可能会存在纰漏与不足，敬请读者见谅并指正。

目　　录

第 1 章　新新贸易理论与经验证据 ………… (1)

1.1　引言 ………………………… (1)

1.2　经验证据 ……………………… (3)

1.3　结语 ………………………… (5)

参考文献 ………………………… (7)

第 2 章　企业异质性、市场进入成本与出口参与决定 ……………… (10)

2.1　引言 ……………………… (10)

2.2　理论模型 …………………… (12)

2.3　企业特征与出口行为 …… (14)

2.4　实证模型与研究方法 …… (17)

2.5　实证结果 …………………… (21)

2.6　结论及政策含义 ………… (25)

参考文献 ……………………… (27)

第 3 章　企业异质性与国际贸易：自选择效应与出口学习效应 …… (29)

3.1　引言 ……………………… (29)

3.2　文献综述 …………………………………………… (31)
3.3　理论模型 …………………………………………… (33)
3.4　企业异质性与出口行为 …………………………… (36)
3.5　实证模型 …………………………………………… (39)
3.6　实证结果 …………………………………………… (44)
3.7　结论及政策含义 …………………………………… (49)
参考文献 ………………………………………………… (51)

第4章　企业异质性与国际贸易：自选择效应、出口学习效应与生产率动态演进 ……………… (55)
4.1　引言………………………………………………… (55)
4.2　模型构建…………………………………………… (58)
4.3　数据与变量………………………………………… (67)
4.4　实证结果…………………………………………… (70)
4.5　研究结论与政策含义……………………………… (74)
参考文献 ………………………………………………… (75)

第5章　多产品出口企业：产品转换与资源重置 ……………… (78)
5.1　引言 ………………………………………………… (78)
5.2　多产品企业贸易理论演进 ………………………… (81)
5.3　中国多产品出口企业产品转换的特征事实 …… (84)
5.4　模型设定与计量分析 ……………………………… (93)
5.5　结论与政策建议 …………………………………… (99)
参考文献 ………………………………………………… (101)

第6章　多产品出口企业：生产率与产品范围 ……………… (105)
6.1　引言………………………………………………… (105)
6.2　理论与假设………………………………………… (109)
6.3　计量模型…………………………………………… (116)
6.4　实证结果…………………………………………… (122)
6.5　研究结论…………………………………………… (124)

参考文献 …………………………………………………… (125)
附录 6A　公式推导演算过程 ………………………………… (128)

第 7 章　多产品出口企业：贸易自由化、企业能力与产品范围 …………………………………………………… (133)
7.1　引言 …………………………………………………… (133)
7.2　理论与假设 …………………………………………… (136)
7.3　数据与变量 …………………………………………… (142)
7.4　实证结果 ……………………………………………… (146)
7.5　研究结论与政策含义 ………………………………… (152)
参考文献 …………………………………………………… (154)
附录 7A　自由进入条件推导过程 ………………………… (156)
附录 7B　贸易自由化与企业生产率推导过程…… (157)

第 8 章　新新贸易理论的研究方向和发展趋势 ……………… (159)
8.1　需求偏好、产品组合与异质企业 ………… (160)
8.2　要素禀赋、规模经济与异质企业 ………… (162)
8.3　不完全契约、企业组织结构与异质企业 … (162)
参考文献 …………………………………………………… (164)

第1章

新新贸易理论与经验证据

1.1 引言

近两个世纪以来，随着国际分工从产业间分工与产业内分工深入发展到由跨国公司主导的产品内分工，国际贸易理论也从早期的以研究规模报酬不变和完全竞争条件下的产业间贸易为对象的传统贸易理论，到20世纪80年代以来的以研究规模报酬递增和不完全竞争条件下的产业内贸易为对象的新贸易理论，进而发展到21世纪初以来的以研究企业异质性条件下的企业层面贸易为对象的新新贸易理论（new-new trade theory），将研究单位从产业层面进一步细化到企业层面，从而开拓了国际贸易理论和实证研究新的前沿（Baldwin，2005）。Feenstra（2004）指出企业层面的贸易研究目前已经成为新贸易理论、贸易与经济增长、利益集团与贸易政策之后的国际贸易理论新的研究焦点。

新新贸易理论突破了新古典贸易理论和新贸易理论以产业为对象的研究范畴（其前提假设为产业内的企业同质），将分析变量细化到企业，以异质企业的贸易为研究重点，从而推动了国际贸易理论的研究开创性地从宏观层面走向微观层面。理论中隐含的企业异质性主要表现为产业内不同企业生产率的差异而产生的异质性。该理论通过建立一系列异质企业贸易模型（trade models of heterogeneous firms）（Bernard，Eaton，Jensen and Kortum，2003；Melitz，2003），阐明了现实世界中只有部分企业选择出口的原因，解释了开放和竞争所带来的资源重置（resource reallocations）效应和生产率的动态演进（productivity evolution）效应，是国际贸易研究领域的重大理论突破。该理论进一步拓展了贸易理论关于贸易利得（gains from trade）的理解，阐释了贸易开放所带来的资源配置效应，从新古典贸易理论揭示的产业间的重置效应发展到新贸易理论揭示的产业内的重置效应，推进到新新贸易贸易理论揭示的产业内企业间以及企业内的重置效应，发现了贸易利得形成的新的源泉。

从研究范畴来看，传统贸易理论不是对企业本身的研究，研究的是产业间贸易。新古典贸易理论对企业的界定是模糊的，只是对企业所在的产业部门做了清晰的界定。新贸易理论研究的是产业内贸易，选用的是典型企业，也不考虑企业间差异。近年来涌现的新的企业层面的微观证据表明，同一产业内出口企业与非出口企业存在显著的差异（Bernard and Jensen，1995，1997，1999），不是代表性的企业所能概括的，因而企业间的差异对理解国际贸易至关重要。现实世界中并非所有企业都从事出口，无论是在生产效率方面还是在规模方面，企业都是异质的；同一产业部门内部企业之间的差异可能比不同产业部门之间的差异更加显著，对这些问题的关注和解读成为新新贸易理论的重要研究内容。

生产率一直是国际贸易理论研究的焦点，也是新新贸易理论研究的核心议题。贸易开放不仅会引导资源根据比较优势和规模经济在产业间和产业内进行合理配置，从而提升产业生产率，而且会引导资源向生产率更高的企业或企业内生产率更高的核心产品和核心

工艺进行配置，从而在更微观的层面提高企业生产率。生产率之所以成为研究焦点，主要是因为生产率对于一国的经济增长至关重要，较小的生产率水平差异在较长时段的经济增长中可能会表现为经济水平的巨大差异。Dollar 和 Wolff（1988，1993）的研究发现，欧洲国家从第二次世界大战以后开始追赶美国，差距不仅没有缩小反而扩大，主要原因是欧洲主要国家的生产率特别是全要素生产率持续低于美国。

相对于传统贸易理论和新贸易理论而言，新新贸易理论对于国际贸易理论的学术贡献在学术界存在过争议。Arkolakis 等（2012）发现，以国内产品在消费中的占比和进口对可变贸易成本的弹性来测量贸易利得，新新贸易理论与新贸易理论以及基于完全竞争的新古典贸易理论从贸易利得的量上来说没有明显差别。但是 Melitz 和 Redding（2013）认为，Arkolakis 等（2012）的研究在校准贸易利得的两个参数时会因改变模型中的其他参数而使得理论预测的福利比较失去了基准。他们的研究表明，在一般情况下存在异质性企业时的贸易利得会明显大于同质性企业贸易模型所揭示的贸易利得。近年来的这样一些研究阐释了国际贸易发生的微观机制，对于理解宏观层面的国际贸易模式和在全球分工深化的大背景下的贸易利得起到了至关重要的作用，也开启了国际贸易研究的微观时代，即从微观层面探索国际贸易发生的机制和贸易利得。

1.2　经验证据

新新贸易理论的发展起源于近年来涌现的大量企业层面的微观证据，可以归纳为三个方面的经验事实。第一个方面是出口商溢价（exporter premium）现象。出口企业在很多维度都表现出优于非出口企业的绩效。Bernard 和 Jensen（1995，1999）表明，同一产业内出口企业比非出口企业的规模更大、生产率更高、资本和技术密集度更高以及支付更高的员工工资。Bernard 等（2006）发现美国的出口企业是更加资本和技术密集的，与传统的比较优势理论关于产业活动的预测是一致的。如果企业的要素密集度反映了其生产产品的要素密集度，那么美国企业出口的产品也是资本和技术密集的，符合美国的比较优势。然而，Alvarez 和 Lopez（2005）发现，发展中国家的出口企业也是更加资本和技术密集的，但这些国家的比较优势在于非娴熟的劳动力，与传统的比较优势理论的预测是不一致的。如果这些国家的出口企业按照比较优势来选择产品出口，那么它们应该出口劳动力密集的产品。发达国家和发展中国家的出口企业都是资本和技术密集的，传统的比较优势理论不能提供很好的解释。Burstein 和 Vogel（2010）认为，贸易开放不仅会导致资源向一个国家具有比较优势的产业部门流动，即发达国家的资源会向资本和技术密集的产业部门流动，发展中国家的资源会向劳动密集的产业部门流动，而且对于任何国家而言，在一个产业内部资源会向资本和技术密集的（异质性）出口企业流动，即对于任何国家而言，出口企业的资本和技术密集度都会更高些。Harrigan 和 Reshelff（2011）以及 Sampson（2011）等提出类似的解释，认为是产业内部资源在异质性企业之间进行重新配置的结果。

第二个方面是贸易开放带来同一产业内的企业间的资源重置效应（inter-firm resource reallocations）。Dunne，Roberts 和 Samuelson（1989）发现，美国制造业部门每年有近 1/3 的企业进入和退出市场，而且退出企业与市场中的存活企业在生产率水平和企业规模等方面存在系统性差异。与达尔文式优胜劣汰效应一致，退出市场的企业比市场中的企业的规模要小，同时，新进入企业比市场中的现存企业的就业增长率要高。Davis 和 Haltiwanger（1992）发现，产业内的资源重置效应要远大于产业间的资源重置效应，因为企业层面就业机会的变动幅度比产业层面就业机会的变动幅度要大很多。很多贸易自由化的研究对于产业内的资源重置效应提供了证据。Pavcnik（2002）发现，贸易自由化所带来的产业生产率的提升有 2/3 源于产业内的企业之间的资源重置效应。Tybout（2003）发现，发展中国家的贸易自由化实践都呈现了产业内的资源重置模式，同时，产业内的资源重置效应要远大于产业间的资源重置效应。此外，基于企业层面测量的二元边际的研究也提供了类似的证据。Eaton，

Kortum 和 Kramarz（2004）发现，新进入市场的出口企业数量变化所反映的扩展边际解释了出口总量变动中的 60%。因而，贸易开放所带来的贸易总量的增加，不是简单地反映了各个企业贸易量的增加，更多的是反映了有竞争力企业相对于没有竞争力企业的贸易量的非对称增加（Melitz and Redding，2012）。

第三个方面是贸易开放带来同一产业内的企业内的资源重置效应（intra-firm resource reallocations）。Pavcnik（2002）发现，智利贸易自由化所带来的产业生产率的提高有 1/3 来自产业内的企业自身的生产率的提高，呈现了企业内的资源重置模式。Bernard，Redding 和 Schott（2011）发现，美国企业和加拿大企业在加入北美自由贸易协定后都对自身生产的产品组合进行了优化，资源向具有核心竞争力的产品流动。他们的研究表明，贸易自由化使得产品特质的门槛更高，低特质的产品会被淘汰。Nocke 和 Yeaple（2014）的研究表明，企业会减少产品种类来参与贸易自由化，因为扩大产品范围会增加企业的平均成本。这些经验事实为贸易自由化促进企业内资源的重新配置提供了证据。此外，Eckel 和 Neary（2010）发现，竞争者数量的增加使得企业的产品组合更加精简。Mayer 等（2014）也发现同样的证据，表明激烈的市场竞争会降低企业利润，因而企业会将资源集中到表现好的产品上从而缩小产品范围。贸易开放导致竞争加剧会迫使企业对内部资源进行重新配置。

国际贸易实践中呈现的这样一些特征性事实，基于产业视角的传统贸易理论和新贸易理论都不能够提供很好的解释（Melitz and Redding，2012）。以 Melitz（2003）为代表的新新贸易理论基于企业视角的分析开始填补这样一些研究空白，推动国际贸易理论研究进入到一个全新的时代。

1.3　结语

本书立足于 21 世纪以来国际贸易研究领域的前沿，运用新的理论与方法，结合中国企业层面贸易数据库和中国海关产品层面贸易流动数据库，深度揭示全球化时代下和中国开放型经济发展新阶段中的中国企业参与国际贸易与国际分工的基本特征及其发展趋势，为使我国企业未来全面走向国际提供重要的理论依据和政策指导，促进中国从贸易大国向贸易强国的战略转型。

新新贸易理论的奠基性作品以 Melitz（2003）为代表。该模型在 Krugman（1980）的基础上加入了企业生产率异质和企业进行出口的固定或沉没成本两个条件来讨论贸易开放的效果。给定高昂的出口固定成本，贸易开放会使得生产率最高的企业获得国外市场从而扩大其在行业中的份额，生产率较低的企业无法支付出口固定成本因此只能在国内销售，生产率最低的企业由于受到高生产率企业扩大规模形成的竞争压力只能退出市场和放弃生产。贸易开放导致整个行业的平均生产率上升，构成了继传统比较优势和规模经济之后的贸易利得的新来源。崔凡和邓兴华（2014）认为，Melitz（2003）模型出现的前后也存在几种与之竞争的异质企业模型（比如 Bernard，Eaton，Jensen and Kortum，2003），然而由于其假设条件的简明性和可扩展性特别是其与新贸易理论模型一脉相承，该模型成为异质企业贸易理论中影响最大的基准模型。

近年来的研究在 Melitz（2003）基础上进行了大量的拓展，基准模型中的假设条件在不同程度上得到了修正和放松，极大地提高了模型的解释力和研究范畴。Bernard 等（2007）开始融合比较优势与异质企业模型；Melitz 和 Ottaviano（2008）拓展了成本加成率由固定到可变以及市场规模变动效果；Arkolakis 等（2008）从对称市场拓展到非对称市场；Bernard 等（2011），Eckel 和 Neary（2010），Mayer 等（2014）从单产品企业拓展到多产品企业，考虑到企业内资源配置问题；Amiti 和 Davis（2011），Egger 和 Kreickemeier（2009），Helpman 和 Itskhoki（2010），Helpman 等（2011）开始考虑劳动力市场摩擦问题；Chaney（2005）和 Manova（2011）探讨了金融约束问题。另外一些研究开始深入到企业管理维度，比如 Antràs 和 Helpman（2004，2008）讨论了不完全契约与生产方式的组织问题，即目前普遍存在的本土市场一体化、本土外包、国外一体化和国外外包四种主要的企业组织形式；Caliendo 和 Rossi-Hans-

berg（2012）探讨了企业内管理层级和管理决策的影响。

虽然新新贸易理论的发展脉络如上所述非常丰富，但是本书主要围绕贸易开放和竞争所产生的资源配置效应这条主线来展开，研究内容从单产品的异质企业贸易模型覆盖到多产品的异质企业贸易模型。书中第 2、3、4 章围绕单产品的异质企业贸易模型研究企业间的资源重置效应，第 5、6、7 章围绕多产品的异质企业贸易模型不仅研究企业间的资源重置效应，而且研究企业内的资源重置效应，即优胜劣汰不仅发生在企业之间，淘汰生产率低的企业，而且会发生在企业内产品之间，淘汰没有竞争力的产品或工艺。第 8 章讨论新新贸易理论的发展趋势和可能的研究方向。

参考文献

Alvarez R，López R A. Exporting and Performance：Evidence from Chilean Plants. *Canadian Journal of Economics*，2005，38（4）：1384－400.

Amiti M，Davis D R. Trade，Firms，and Wages：Theory and Evidence. *Review of Economic Studies*，2011.

Antràs P，Helpman E. Global Sourcing. *Journal of Political Economy*，2004，112（3）：552－580.

Antràs P，Helpman E. Contractual Frictions and Global Sourcing. In *The Organization of Firms in a Global Economy*，ed. E Helpman D，Marin T Verdier. Cambridge MA：Harvard University Press，2008.

Arkolakis C，Costinot A，Rodriguez-Clare A. New Trade Models，Same Old Gains? *American Economic Review*，2012，102（1）：94－130.

Arkolakis C，Klenow P，Demidova S，Rodriguez-Clare，A. Endogenous Variety and the Gains from Trade. *American Economic Review*，Papers and Proceedings，2008，98（2）：444－450.

Baldwin R E. "Heterogeneous Firms and Trade：Testable and Untestable Properties of the Melitz Model". NBER Working Paper No. 11471，2005.

Bernard A B，Eaton J，Jensen J B，Kortum S. "Plants and Productivity in International Trade". *The American Economic Review*，2003（93）：1268－1290.

Bernard A B，Redding S J，Schott P K. Comparative Advantage and Heterogeneous Firms. *Review of Economic Studies*, 2007, 74 (1): 31－66.

Bernard A B, Redding S J, Schott P K. Multi-product Firms and Trade Liberalization. *Quarterly Journal of Economics*, 2001, 126 (3): 1271－1318.

Bernard A B, Jensen J B. "Exporters, Jobs and Wages in U.S. Manufacturing, 1976－1987". *Brookings Papers on Economic Activity: Microeconomics*, 1995: 67－119.

Bernard A B, Jensen J B. "Exporters, Skill Upgrading and the Wage Gap". *Journal of International Economics*, 1997 (42): 3－31.

Bernard A B, Jensen J B. "Exceptional Exporter Performance: Cause, Effect, or Both?". *Journal of International Economics*, 1999 (47): 1－26.

Bernard A B, Jensen J B, Schott P K. Survival of the Best Fit: Exposure to Low-Wage Countries and the (Uneven) Growth of US Manufacturing Plants. *Journal of International Economics*, 2006 (68): 219－237.

Burstein A, Vogel J. Globalization, Technology, and the Skill Premium: A Quantitative Analysis. Columbia University, Unpublished, 2010.

Caliendo L, Rossi-Hansberg E. The Impact of Trade on Organization and Productivity. *Quarterly Journal of Economics*, 2012, 127 (3): 1393－1467.

Chaney T. Liquidity Constrained Exporters. University of Chicago, Unpublished, 2015.

Davis S J, Haltiwanger J. Gross Job Creation, Gross Job Destruction, and Employment Reallocation. *Quarterly Journal of Economics*, 1992 (107): 819－863.

Dollar D, Wolff E N. Covergence of Industry Labor Productivity among Advanced Economies, 1963－1982. *The Review of Economics and Statistics*, 1988, 70 (4): 549－558.

Dollar D, Wolff E N. *Competitiveness, Convergence, and International Specialization*. MIT University Press, 1993.

Dunne T, Roberts M J, Samuelson L. The Growth and Failure of U.S. Manufacturing Plants. *Quarterly Journal of Economics*, 1989, 104 (4): 671－98.

Eaton J, Kortum S S, Kramarz F. Dissecting Trade: Firms, Industries and Export Destinations. *American Economic Review*, 2004, 94 (2): 150－154.

Eckel C, Neary J P. Multi-product firms and flexible manufacturing in the global economy. *The Review of Economic Studies*, 2010, 77 (1): 188－217.

Egger H, Kreickemeier U. Firm Heterogeneity and the Labour Market Effects of Trade Liberalization. International Economic Review, 2009, 50 (1):

187 - 216.

Feenstra R C. *Advanced International Trade: Theory and Evidence*. Princeton University Press, 2004.

Harrigan J Reshelff A. Skill-biased Heterogeneous Firms: Trade Liberalization and the Skill Premium Redux. University of Virginia, Unpublished, 2011.

Helpman E, Itskhoki O. Labor Market Rigidities, Trade and Unemployment. *Review of Economic Studies*, 2010, 77 (3): 1100 - 1137.

Helpman E, Itskhoki O, Muendler M, Redding S. Wage Inequality and Trade: Evidence from Brazil. Princeton University, Unpublished, 2011.

Krugman P. Scale Economies, Product Differentiation, and the Pattern of Trade. *American Economic Review*, 1980 (70): 950 - 959.

Manova K. Credit Constraints, Heterogeneous Firms, and International Trade. Stanford University, Unpublished, 2011.

Mayer T, Melitz M J, Ottaviano G I. Market Size, Competition, and the Product Mix of Exporters. *The American Economic Review*, 2014, 104 (2): 495 - 536.

Melitz M J. "The Impact of Trade on Intra-Industry Reallocations and Aggregate Industry Productivity". *Econometrica*, 2003 (71): 1695 - 1725.

Melitz M J, Ottaviano G I P. Market Size, Trade, and Productivity. *Review of Economic Studies*, 2008 (75): 295 - 316.

Melitz M J, Redding S J. "Heterogeneous Firms and Trade". NBER Working Paper No. 18652, 2012.

Melitz M J, Redding S J. "Firm Heterogeneity and the Welfare Gains from Trade". Mimeo, 2013.

Nocke V, Yeaple S. Globalization and multiproduct firms. *International Economic Review*, 2014, 55 (4): 993 - 1018.

Pavcnik N. Trade Liberalization, Exit, and Productivity Improvement: Evidence from Chilean Plants. *Review of Economic Studies*, 2002, 69 (1): 245 - 276.

Sampson T. Selection into Trade and Wage Inequality. London School of Economics, Unpublished, 2011.

Tybout J R. Plant-and Firm-Level Evidence on 'New' Trade Theories. In Handbook of International Economics, ed. E Kwan Choi and J Harrigan, 13: 388 - 435. Oxford: Basil-Blackwell, 2003.

第2章

企业异质性、市场进入成本与出口参与决定

2.1 引言

21世纪初以来以研究企业异质性条件下的企业层面的贸易为对象的新新贸易理论突破了传统贸易理论和新贸易理论以产业为对象的研究范畴，打破了产业内的企业同质假定，提出了企业异质性对于国际贸易发生的新的解释，开拓了国际贸易理论和实证研究新的前沿。国际贸易微观化的发展给国际贸易理论和实证研究提供了新的研究方向。

近年来的实证研究表明，现实经济中并非所有的企业都从事出口，只有部分企业选择出口，同时出口企业比非出口企业生产率更高、规模更大。Bernard 和 Jensen（1995）针对美国企业的研究发现，在美国只有很小一部分企业从事出口；

出口企业与非出口企业相比有很大的不同，表现为出口企业规模大、生产率较高、支付较高的工资、使用更熟练的技术工人等。Bernard和Wagner（1997），Clerides，Lach和Tybout（1998），Bernard和Jensen（1999a，b；2004），Aw，Chung和Roberts（2000），Eaton，Kortum和Kramarz（2004）都进行了类似的实证研究，表明企业间的这些差异对于理解当前国际贸易流动非常重要。

基于实证研究的发现，Melitz和Bernard等学者开始建构理论模型来解释企业间的差异性和企业出口参与的关系。Melitz（2003）模型以Hopenhayn's（1992）一般均衡框架下的垄断竞争动态产业模型为基础，通过引入企业生产率差异扩展了Krugman（1980）的贸易模型。其研究结果显示国际贸易能够引发生产率较高的企业进入出口市场，这使得资源获得了重新配置，产业总体生产率得到了提高。Bernard，Eaton，Jensen和Kortum（2003）模型以Bertrand竞争而非垄断竞争的市场结构为基础，引入了企业异质性、不完全竞争、国家要素禀赋和产业要素密集度等方面的因素。由于可变贸易成本的存在，只有生产率较高的企业才会出口。同样，产业生产率随着低效率企业的萎缩和高效率企业的扩张而获得了提高。

文献中研究企业出口参与除了基于企业内部异质性的考虑外，还考察了企业外部因素的影响。Krugman（1989），Roberts和Tybout（1997）表明，企业出口行为存在普遍的滞后性（hysteresis），其原因是在进入出口市场时存在显著的市场进入成本（sunk costs）。正因为进入出口市场所产生的不可撤销投资成本的存在，企业一旦选择进入出口市场，其出口行为将呈现持续性（persistence）特征，因而这种持续行为的表征被用来作为检验是否存在市场进入成本的依据（Roberts & Tybout，1997；Bernard & Jensen，2004）。国际贸易的经济地理学文献揭示，比邻企业的生产经营活动会减少出口企业的市场进入成本（Krugman，1992）。Bernard和Jensen（2004）发现，这种企业间的技术溢出效应（spillovers）将会增加企业的出口参与意愿。此外，Roberts和Tybout（1997）表明，特定产业和区位因素也将对企业的出口决定产生直接影响。

本部分将通过企业最大化其出口回报这一思路来构建企业出口

参与模型，并采用二项分布概率对数模型（binomial probit model），运用浙江省 2001—2003 年的企业面板数据对影响企业出口决定的相关假设进行实证检验，进一步考察企业出口参与行为中企业异质性所产生的自我选择效应、市场进入成本所产生的出口持续效应和贸易经济地理学文献所揭示的技术溢出效应。其研究成果将在一定程度上为中国出口产业的定位、升级和发展提供理论指导和政策参考。本部分接下来的内容具体安排如下：2.2 节通过企业出口回报最大化来构建企业最优出口参与的理论模型；2.3 节描述样本数据并分析出口企业特征及其出口模式；2.4 节构建实证模型并描述所采用的实证研究方法；2.5 节分析实证结果；2.6 节讨论研究结果的政策含义并总结全文。

2.2 理论模型

本文假设企业出口参与的决策是基于企业对其出口未来回报最大化的理性思考。企业在进行出口市场参与决策时，考虑出口所能带来的当期和未来期在扣除任何固定成本以后的期望回报，因而，企业的决策程序被认为是按照两个步骤进行。企业在比较其出口回报与市场进入成本以后决定是否参与出口。企业被假定一旦选择出口市场参与，就总是能够在一个利润最大化的出口水平上进行生产，即出口企业将在 q_{it}^* 水平上为出口市场进行生产。

假定企业通过选择一个产出序列 $\{q_{ij}^*\}_{j=t}^{\infty}$ 来最大化其出口期望回报的净现值，其定义如下：

$$V_{it}(\cdot) = \max_{\{\{q_{ij}^*\}_{j=t}^{\infty}\}} E_t\left(\sum_{j=t}^{\infty}\delta^{j-t}\Pi_{ij}\,\middle|\,\{q_{ij}^*\}_{j=1}^{t-1}\right) \tag{2-1}$$

式（2-1）中，$V_{it}(\cdot)$ 表示企业 i 在 t 期的最大化的出口期望回报净现值；δ 表示一期的折旧率；Π_{ij} 表示各期出口净回报；期望回报 $E_t(\cdot)$ 条件依赖于企业过去的产出选择信息集 $\{q_{ij}^*\}_{j=1}^{t-1}$ 。

2.2.1　市场进入成本

企业在进入出口市场时，将面临国外市场需求信息获取、分销网络建立和运输及营销等成本。这些成本被认为是企业的不可撤销的投资，在理论文献中被概括为市场进入成本（entry costs，or sunk costs）。

为了简化分析，假定企业一旦进入出口市场就将面临一个固定的一次性进入成本 N，而且在退出出口市场以后再一次进入时也面临同样的成本。在考虑市场进入成本的情况下，出口净回报 Π_{ij} 可以表示为：

$$\Pi_{ij} = [\pi_{ij}(X_{ij}, Z_{ij}) - N \cdot (1 - Y_{ij-1})] \cdot Y_{ij} \qquad (2-2)$$

式（2－2）中，π_{ij} 表示企业为出口而生产 q_{ij}^* 所获得的利润，由企业内部因素 X_{ij} 和企业外部因素 Z_{ij} 决定；X_{ij} 包括企业异质性特征（生产率、规模等差异）；Z_{ij} 包括市场环境、产业和区位特征；Y_{ij} 表示企业 i 在 j 期的出口状态；出口时其取值为 1，不出口时其取值为 0。企业的出口净回报被表示为企业利润扣除市场进入成本以后的剩余。

2.2.2　学习经验

企业如果已经选择出口参与，在前一期为生产出口产品过程中不断积累的经验会减少后一期的生产成本。这种经验的习得是企业通过参与出口活动实现的，文献中阐析其为出口学习效应（learning by exporting）。当前期的出口会减少下一期的为出口而生产产品的成本，这种学习行为可以描述为：

$$\pi_{ij}(X_{ij}, Z_{ij}) = p_{ij} \cdot q_{ij}^* - c_{ij}(X_{ij}, Z_{ij}, q_{ij-1}^* \mid q_{ij}^*) \qquad (2-3)$$

$$\frac{\partial c_{ij}(\cdot)}{\partial q_{ij-1}^*} < 0 \qquad (2-4)$$

式（2－3）中，p_{ij} 为企业 i 的产品在 j 期的国外出售价格；c_{ij} 为企业 i 在 j 期生产 q_{ij}^* 的可变成本。企业出口若存在学习效应，过去为出口产品而进行的生产活动将会对当期的生产成本产生直接影响。

式（2-4）表明在存在正的出口学习效应的情况下，出口企业过去的生产会导致当期生产成本的下降。

2.2.3 出口参与规则

企业出口参与决策是基于其对出口未来净回报的考虑。假定在出口未来净回报的现值大于或等于0时，企业将会选择出口。其出口参与规则给定如下：

$$\begin{cases} Y_{it}=1 \quad if \quad \pi_{it}^{*}-N\cdot(1-Y_{it-1})\geqslant 0 \\ Y_{it}=0 \quad if \quad \pi_{it}^{*}-N\cdot(1-Y_{it-1})<0 \end{cases} \tag{2-5}$$

式中，π_{it}^{*} 为出口未来回报现值。

根据Bellman最优出口市场参与模式方程，企业 i 在 t 期的出口参与决策 Y_{it} 的最优取值应使得如下回报函数最大化（Roberts & Tybout，1997）：

$$V_{it}(\cdot)=\max_{\{Y_{it}\}}(\{\Pi_{it}\ \{q_{ij}^{*}\}_{j=1}^{t-1}\}+\delta E_{t}\{V_{it+1}(\cdot)\mid\{q_{ij}^{*}\}_{j=1}^{t-1}\}) \tag{2-6}$$

如果下面条件得到满足，企业 i 在 t 期将参与出口，即 $Y_{it}=1$：

$$\begin{aligned}&\pi_{it}(X_{it},Z_{it})+\delta\{E_{t}(V_{it+1}(\cdot)\mid Y_{it}=1)\\&-E_{t}(V_{it+1}(\cdot)\mid Y_{it}=0)\}\geqslant N\cdot(1-Y_{it-1})\end{aligned} \tag{2-7}$$

因而，企业 i 的出口未来回报现值 π_{it}^{*} 可以表示为：

$$\begin{aligned}\pi_{it}^{*}=&\pi_{it}(X_{it},Z_{it})+\delta\{E_{t}(V_{it+1}(\cdot)\mid Y_{it}=1)\\&-E_{t}(V_{it+1}(\cdot)\mid Y_{it}=0)\}\end{aligned} \tag{2-8}$$

2.3 企业特征与出口行为

本文采用2001—2003年浙江省企业普查数据（包括出口与非出口企业），对企业出口参与行为进行实证研究。在讨论实证研究及其结果以前，为了更好地理解企业的出口行为及其特征，这一节将从实际数据入手来考察出口企业的特征以及企业出口参与模式。

2.3.1 数据描述

本文采用的数据样本来源于 2004 年第一次全国经济普查浙江省部分，涵盖了采矿业（行业代码 06～11 大类）、制造业（行业代码 13～43 大类）、电力、燃气及水的生产和供应业（行业代码 44～46 大类），包括了覆盖浙江省 11 个城市的 30 333 家企业。该数据库提供了关于企业的规模、产出、销售、出口、员工数量、员工工资、固定资产、利润等信息，其时间跨度为 2001—2003 年的三年，从结构上组成了面板数据（panel）。其中，还包括了企业进入和退出出口市场的动态信息，为研究企业的出口参与行为提供了极大的便利。基于该数据库的信息，不仅可以从企业自身的异质性特征的视角，而且可以根据其出口市场参与的动态过程来研究其出口参与决策。

表 2-1 概括了浙江省企业 2001—2003 年的出口变动情况。中国在 2001 年加入世界贸易组织，研究涉及的时间区间正好赶上了中国出口的高峰期，而且浙江省是中国的出口大户，其出口增长非常迅速，在此期间平均每年增长 33%。另外，从表中也可以看出，出口企业的数量增长也比较显著，所占比重逐渐增加，这进一步说明每年都有新的企业进入出口市场。这种出口市场扩张的直接结果是增加了就业，提高了企业员工的工资，并提升了企业的劳动生产率。这里劳动生产率表示为企业真实产出与员工数量的比值。

表 2-1　　2001—2003 年浙江省出口企业状况（四位数 SIC 行业）

变量	2001 年	2002 年	2003 年
出口数量（2001=100）	100.0	128.2	176.7
出口企业数量	7 751	9 554	11 269
出口企业所占比重	0.421	0.439	0.442
企业员工数量	3 637 449	4 111 000	4 817 771
月平均工资（元）	2 280	2 358	2 479
劳动生产率（真实产出/员工）	233	259	287

资料来源：2004 年第一次全国经济普查。

表 2-2 列出了数据库中企业所在浙江省各城市的地理分布情况。从表中不难发现，杭州、宁波和温州三年连续占据了前三席，这与其在区位上的特殊性密不可分。除了杭州是省会以外，宁波和温州都是改革开放以后最早开放的沿海城市。此外，与其他城市相比，嘉兴和金华的企业数量增长最快。

表 2-2　2001—2003 年浙江省企业地理分布（四位数 SIC 行业）

城市	企业数	比重	企业数	比重	企业数	比重
	2001 年		2002 年		2003 年	
杭州	3 398	18.47	3 958	18.18	4 690	18.39
宁波	3 537	19.22	4 066	18.68	4 681	18.35
温州	2 998	16.29	3 686	16.93	3 803	14.91
嘉兴	1 301	7.07	1 762	8.09	2 529	9.92
绍兴	1 969	10.70	2 115	9.72	2 446	9.59
舟山	211	1.15	276	1.27	93	1.15
台州	2 414	13.12	2 258	10.37	2 633	10.32
金华	886	4.81	1 711	7.86	2 077	8.14
湖州	985	5.35	1 118	5.14	1 325	5.19
衢州	375	2.04	425	1.95	518	2.03
丽水	328	1.78	392	1.80	511	2.00
总计	18 402	100.00	21 767	100.00	25 506	100.00

资料来源：2004 年第一次全国经济普查。

2.3.2　出口与非出口企业特征

数据库中不仅包括出口企业，而且包括非出口企业。这引出了一个有趣的话题，即出口企业与非出口企业究竟存在什么差异，或者说企业具备什么特点才会从事出口活动。从表 2-3 中可以看出，与非出口企业比较，出口企业具有更大的规模（雇用更多的劳动力）和更高的生产率（平均盈利能力高），其员工获得更高的工资，而且其中具有法人公司制度的比重也略大。表中的企业平均盈利能力以企业利润与规模的比值（取对数）来表示。这进一步说明，企业要成为出口企业必须具备一定的规模和较高的生产率，并且能够给员工提供相对高的工资待遇以保证高质量的劳动力投入。

表 2-3　2001—2003 年浙江省出口企业与非出口企业特征（四位数 SIC 行业）

变量	2001 年		2002 年		2003 年	
	非出口企业	出口企业	非出口企业	出口企业	非出口企业	出口企业
企业员工数量	139	278	129	265	126	268
月平均工资	1 560	3 215	1 627	3 293	1 662	3 511
平均盈利能力	2.73	3.03	2.78	3.12	5.21	5.61
公司制的比重	98.87%	99.75%	99.31%	99.69%	99.63%	99.98%

资料来源：2004 年第一次全国经济普查。

2.3.3　企业出口参与模式

从企业进入和退出出口市场的动态过程可以看出企业出口的参与模式。表 2-4 中，第一栏为企业 t 年的出口状态，第二栏为企业 $t+1$ 年的出口状态。每一出口状态有出口与非出口两种可能，因而企业状态从当期到后一期的转换形成了四种组合。其结果显示，非出口企业更有可能在第二年继续选择不出口，然而出口企业更有可能连续出口。这里反映了出口参与行为的持续性，即企业出口状态具有不易改变的惯性。这可能是企业特有的异质性特征的持续性所致，也可能是不可低估的市场进入成本所致。

表 2-4　2001—2003 年浙江省企业在出口市场进入与退出的变动率（四位数 SIC 行业）

t 年状态	($t+1$) 年状态	2001—2002 年	2002—2003 年	平均
非出口企业	非出口企业	0.895	0.910	0.903
	出口企业	0.105	0.090	0.098
出口企业	非出口企业	0.077	0.077	0.077
	出口企业	0.923	0.923	0.923

资料来源：2004 年第一次全国经济普查。

2.4　实证模型与研究方法

本节在前述理论模型的基础上来构建实证模型和设定估计方程，并讨论所采用的估计方法和计量相关事项。

2.4.1 计量模型

企业根据出口回报最大化原则所形成的出口参与决策可以用如下的动态离散选择方程来描述：

$$\begin{cases} Y_{it}=1 \quad if \quad \pi_{it}^{*}-N\cdot(1-Y_{it-1})\geqslant 0 \\ Y_{it}=0 \quad if \quad \pi_{it}^{*}-N\cdot(1-Y_{it-1})<0 \end{cases} \tag{2-9}$$

其中，出口未来回报现值 π_{it}^{*} 满足如下条件：

$$\pi_{it}^{*}=\pi_{it}(X_{it},Z_{it})+\delta\{E_t(V_{it+1}(\cdot)\mid Y_t=1) \\ -E_t(V_{it+1}(\cdot)\mid Y_{it}=0)\} \tag{2-10}$$

为了参数化企业出口回报函数，本文根据 Roberts 和 Tybout (1997) 采用简约型单方程的方法 (a reduced-form equation)，近似描述出口回报 π_{it}^{*} 为企业内部因素 X_{ij} 和企业外部因素 Z_{ij} 的线性函数。其中，X_{ij} 包括可观测到的企业内部异质性特征；Z_{ij} 包括可观测到的企业外部的产业特定因素、区位特定因素、地理特征等。这里假设企业出口回报是由企业内部特征和企业外部环境特征共同决定的。然而，企业出口回报的波动不仅受到可观测到的企业内部特征 X_{ij} 和企业外部环境特征 Z_{ij} 的影响，而且受到不可观测到的企业内部特征 α_i 和企业外部随机干扰 η_{it} 的影响。其中，α_i 包括管理效率、外部联系、企业文化等与出口相关的影响因素；η_{it} 包括需求冲击、政策干扰等与出口相关的随机因素。因而，企业出口未来净回报现值 $\pi_{it}^{*}-N\cdot(1-Y_{it-1})$ 可以表达如下：

$$\begin{cases} \pi_{it}^{*}-N\cdot(1-Y_{it-1})=\beta X_{it}+\gamma Z_{it}+\theta Y_{it-1}+\varepsilon_{it} \\ \varepsilon_{it}=\alpha_i+\eta_{it} \end{cases} \tag{2-11}$$

式中，ε_{it} 为残差项，由不可观测到的 α_i 和 η_{it} 组成；α_i 和 η_{it} 被假定为服从 i. i. d. 正态分布。

基于上述讨论，将式 (2-11) 代入式 (2-9)，可以得到企业最优出口参与的动态方程：

$$\begin{cases} Y_{it}=1 \quad if \quad \beta X_{it}+\gamma Z_{it}+\theta Y_{it-1}+\alpha_i+\eta_{it}\geqslant 0 \\ Y_{it}=0 \quad if \quad \beta X_{it}+\gamma Z_{it}+\theta Y_{it-1}+\alpha_i+\eta_{it}<0 \end{cases} \tag{2-12}$$

Bernard 和 Jensen (1995) 表明，企业出口状态的转换会导致其自身异质特征的同步变化。他们的研究说明，企业本身的异质性特征和外部条件的变化会引导企业参与出口活动。与此同时，企业参与出口活动也会导致企业本身异质性特征的改变。为了避免可能存在的同步性问题，在模型设定上采用影响企业出口的滞后一期的企业内部和外部因素（Bernard & Jensen，2004）。因而，估计的企业出口参与方程被设定为：

$$Y_{it} = \beta X_{it-1} + \gamma Z_{it-1} + \theta Y_{it-1} + \alpha_i + \eta_{it} \tag{2-13}$$

2.4.2　变量设置

在上述计量模型设定中，企业内部异质性特征变量 X 和企业外部条件变量 Z 还有待进一步确定。根据前述理论和实证文献，本文着重考察企业异质性特征、市场进入成本、技术溢出效应和特定区位因素等对企业出口参与的影响。

（1）企业异质性特征。文献中揭示，企业选择出口与其自身的特征密不可分，这些特征与其过去所获得的成功也是密切相关的（Bernard & Jensen，2004）。大的企业具有规模效应和经济实力，更容易选择出口。生产率更高的企业具有更强的市场竞争力，无论是在国内市场还是国外市场都更容易取得成功。娴熟的、高质量的劳动力能够生产高质量的产品，因而更容易在竞争激烈的国外市场上获得成功。这里用企业员工数量来测量企业规模，用单位劳动力产出（真实产出与员工数量的比值）来表示劳动生产率，用工资水平来近似表示劳动力质量。此外，企业制度类型也对企业出口参与产生重要影响（Roberts & Tybout，1997）。这里用虚拟变量（dummy）来区分企业制度类型的差异，其取值为 1 为公司制企业，取值为 0 为非公司制企业。这些因素都直接影响企业的出口参与意愿，包含在出口参与方程（2-13）的 X_{it-1} 变量里。

（2）市场进入成本。市场进入成本的存在使得企业的出口行为出现了持续性特征。一方面，非出口企业推迟了出口参与，继续不出口；另一方面，出口企业会连续出口。这个成本 N（式（2-11）中）反映在出口参与方程（2-13）的滞后一期的出口状态 Y_{it-1} 前的参数 θ 里。这里用 Y_{it-1} 来协助测度市场进入成本。如果参数 θ 显著非零，那么说明出口市场上的进入成本显著存在。

（3）技术溢出效应。在市场上其他出口企业的存在会降低潜在企业进入出口市场的成本（Aitken，Hanson & Harrison，1997）。如果市场进入成本显著存在，这种邻近企业的技术溢出将会提高企业参与出口的意愿。这种反映技术溢出效应的外部性可以通过多种方式和渠道来实现（Bernard & Jensen，2004），本研究主要考察产业特定出口（industry-specific）和地区特定出口（region-specific）对于企业出口参与的影响，并用企业所在产业和城市的特定出口数量来测量这两种形式的外部效应。这些因素包含在出口参与方程（2-13）的 Z_{it-1} 变量里。

（4）特定区位因素。Roberts 和 Tybout（1997）表明，有利的地理位置将会提高企业的出口参与意愿。沿海地区的企业因为便捷的海运交通更容易从事出口活动。根据浙江省的地理特点，本研究采用虚拟变量来考察海滨城市的企业获得的特定区位优势对其出口参与意愿的影响。设变量沿海地区为虚拟变量，其取值为 1 说明企业位于海滨城市，取值为 0 说明其位于内陆城市。

（5）其他控制变量。其他控制变量包括年份控制、产业控制和城市控制。年份控制变量主要用来控制企业在时间维度上的变化和所面临的外部需求条件的改变，产业控制变量和城市控制变量主要用来控制企业所在的产业和地区的特定性特征。控制的年份包括 2001—2003 年；控制的产业包括数据所覆盖的采矿业、制造业和电力、燃气及水的生产和供应业这三大产业；控制的城市包括浙江省涵盖的 11 个地级市。这三类控制变量采用三组虚拟变量向量来分别表示。

2.4.3 估计方法

为了估计式（2-13），大部分相关实证文献密集讨论滞后一期的出口状态变量 Y_{it-1} 前的参数的识别（Bernard & Jensen，2004）。不可观测到的产品特征、管理技能和企业文化等企业异质性特征都会影响企业的出口参与意愿，不仅与企业自身密切相关，而且其本身也是序列相关的。如果不考虑这方面因素的影响，Y_{it-1} 前的参数 θ

估计值会吸收这些效应，因而其对应的市场进入成本会被严重高估。因此，在实际操作中把残差 ε_{it}（式（2－11）中）分解为两个部分，其中一项 α_i 只与企业相关，但其本身不可观测，用来控制这些方面的影响；另外一项 η_{it} 反映的是企业所面临的外部随机扰动。

对具有不可观测异质性特征的二项分布动态概率模型的估计包括多种估计方法，比如说随机效应或固定效应的线性概率模型（LPM）、随机效应或固定效应的 Probit 模型以及条件 Logit 模型。一般而言，可以用随机效应或固定效应来估计不可观测的企业异质性。Bernard 和 Jensen（2004）表明，固定效应模型对动态方程中滞后因变量前参数的估计结果经常是有偏的、不一致的。然而，随机效应模型要求企业不可观测的异质性与动态方程中的自变量不相关。本研究遵循 Roberts 和 Tybout（1997）的估计策略，对式（2－13）中残差元素的协方差进行如下约束：

$$\begin{cases}\operatorname{cov}(X_{it-1},\alpha_i)=\operatorname{cov}(Z_{it-1},\alpha_i)=0\\ \operatorname{cov}(\alpha_i,\eta_{it})=0\end{cases}\quad \forall i,t \qquad (2-14)$$

因而，采用随机效应模型而非固定效应模型。关于线性概率模型，其缺陷也比较显著，包括通过估计获得的概率值会超出概率区间[0，1]，残差具有显著的异方差性且非正态分布等。对于这些问题，Probit 模型提供了一些解决办法。基于上述讨论，本研究采用随机效应 Probit 模型对具有不可观测异质性特征的二项分布动态方程（2－13）进行估计。

2.5　实证结果

由于动态方程（2－13）中含有滞后一期变量的信息，对其进行计量估计意味着把 2001 年的观察值作为模型估计的初始值。最后的研究样本包括 20 921 家企业和 35 072 个观察值。表 2－5 报告了方程（2－13）对于两种模型设定的估计结果。其中，模型 1 不含有地理特征变量（沿海地区），只考察企业异质性特征、市场进入成本和技术溢出效应在控制年份、产业和城市特征的条件下对企业出口参与的影响。模型 2 增加了沿海地区变量用来控制特定的区位优势对于企业出口参与的影响。

表 2-5　企业出口参与的动态 Probit 模型回归结果（括号内为标准误差）

解释变量	模型 1	模型 2
常数	−4.830	−6.163***
	(3.718)	(0.756)
上一年出口	2.633***	2.639***
	(0.020)	(0.020)
员工数量	0.201***	0.175***
	(0.032)	(0.031)
工资	0.006	0.019
	(0.028)	(0.028)
劳动生产率	0.033**	0.024*
	(0.013)	(0.013)
公司制	0.954***	1.016***
	(0.217)	(0.218)
产业特定出口	0.128**	0.126**
	(0.061)	(0.061)
城市特定出口	−0.104	−0.009
	(0.256)	(0.023)
沿海地区	—	0.307***
	—	(0.104)
年份控制	控制	控制
产业控制	控制	控制
城市控制	控制	控制
对数似然值	−10 133.298	−10 179.905
McFadden's R-平方（修正后）	0.447	0.445
正确预测的百分比	67.53%	67.52%
样本规模	35 072	35 072

*表示 10%的显著水平；**表示 5%的显著水平；***表示 1%的显著水平。

2.5.1　企业异质性特征

表 2-5 的第二列报告了在模型 1 中企业的员工数量、工资、劳动生产率和公司制对于企业出口参与的影响，第三列报告了在模型 2

中企业的这些异质性特征对于企业出口参与的影响。结果表明，企业规模（用员工数量测量）的扩大和劳动生产率的提升，以及企业的公司制度安排都能够提高企业出口参与意愿。规模具备的企业通过规模经济效应获得了出口的优势，这与 Krugman（1984）的研究关于以规模经济为基础的出口行为的发现是一致的。高的劳动生产率使得企业获得了在国际市场上参与竞争的优势，增大了企业出口的概率。本研究的实证结果支持了 Melitz（2003）和 Bernard 等（2003）的关于劳动生产率与企业出口的结论。企业的公司制度安排涉及公司治理结构和管理效率，更大可能提升了企业的出口意愿，与 Roberts 和 Tybout（1997）的研究结果是一致的。

然而，以工资测量的劳动力质量在这两种模型设定中都表现为不显著，这在一定程度上反映了 Roberts 和 Tybout（1997）提及的测量误差，他们的研究也发现工资变量对企业出口参与的影响不显著，认为工资只是对劳动力质量的部分反映。

2.5.2　市场进入成本

市场进入成本是通过变量上一年出口前的参数来测度。研究结果表明，市场进入成本在两种模型设定中都是非常显著的，这进一步证明了前面观察到的企业出口行为具有持续性特征。这种不可撤销成本的存在说明了企业过去的出口状态对于其当期的出口参与意愿具有显著影响。本研究的发现与 Roberts 和 Tybout（1997）以及 Bernard 和 Jensen（2004）关于市场进入成本与企业出口参与的结论一致。与此同时，Melitz（2003）和 Bernard 等（2003）的研究表明，市场进入成本的存在使得企业生产率对于企业出口参与的影响至关重要。如果存在显著的市场进入成本，那么只有高生产率的企业才会出口。本研究发现，在企业出口参与的影响因素中，不仅市场进入成本显著存在，而且劳动生产率是非常显著的，这进一步从实证的视角验证了 Melitz（2003）和 Bernard 等（2003）的理论预见。

2.5.3 技术溢出效应

在考虑企业间的技术溢出效应时，本研究遵循 Bernard 和 Jensen (2004) 的研究思路，从所处产业和地理位置这两个视角来考察，即考察产业特定的技术溢出和地区特定的技术溢出对于企业出口参与的影响。在表 2-5 中，用产业特定出口和城市特定出口来表示这两种技术溢出效应。本研究发现，在企业出口参与的影响中产业特定出口是非常显著的，城市特定出口不显著。这说明在浙江省的企业样本里存在显著的产业特定的技术溢出效应，不存在地区特定的技术溢出。Bernard 和 Jensen (2004) 的研究发现，技术溢出效应的多种测量在美国的企业样本里都不显著，他们认为是样本选择中具有大企业倾向的样本选择误差所致。本研究采用的是普查数据，因而可以更好地避免类似的问题。

2.5.4 特定区位因素

通过特定的地理位置获得的区位优势将会增加企业的出口意愿。为了考虑这方面的影响，在模型 1 的基础上根据浙江省的地理特点在模型 2 中增加了以海滨城市测量的沿海地区这一变量来考察特定区位因素对企业出口参与的影响。研究结果表明，海滨城市的企业更愿意出口。便利的海运交通增加了企业的出口意愿，这与 Roberts 和 Tybout (1997) 的研究关于港口城市对于企业出口的显著影响的发现是一致的。

通过对特定区位因素影响的控制，企业异质参数、市场进入成本参数和技术溢出参数在模型 1 和模型 2 中发生了少许的变动。企业规模（用员工数量测量）和劳动生产率对于企业出口参与的影响有少量下降，这说明出口企业通过规模效应和高生产力获得的优势在一定程度上是从所处的特定区位上间接获得的。同样，产业特定的技术溢出的影响也下降了少许。然而，市场进入成本的影响微量上升，这说明了特定的区位有利于降低市场进入成本。如果控制这种区位因素的影响，那么真实的市场进入成本要略偏高。

2.5.5　模型拟合优度

Probit 模型是非线性概率模型，因而线性模型中 R-平方已经不再适用作为对 Probit 模型拟合优度的评价。为了评估该模型的总体拟合优度，本研究采用文献中常用的两个测量指标，即 McFadden's R-平方和模型正确预测概率。

McFadden's R-平方是通过比较含有模型设定中所有解释变量的完整模型和仅含有常数项的非完整模型在估计中获得的对数似然值来计算的，反映的是抽象意义上的解释变量对于因变量变动的解释程度。修正后的 McFadden's R-平方是考虑了解释变量数量的影响，并对修正前的值进行了自由度调整。在模型 1 中，其取值为 0.447；在模型 2 中，其取值为 0.445。这总体上说明了模型对数据的拟合程度。在存在显著的企业异质性的条件下，接近 50%的拟合水平表明模型设定较好。

在对 Probit 模型的拟合评价中，可能更常见的是采用模型的正确预测概率，因为 Probit 模型本身是概率模型。正确预测概率是通过比较模型预测的二项分布值（根据一定的概率规则）和因变量二项分布的实际观察值来计算的。本研究的计算结果是根据如下概率规则：如果模型预测的概率大于 50%，那么因变量的预测值取值为 1；否则，其取值为 0。模型 1 和模型 2 的正确预测概率分别为 67.53%和 67.52%。同样，在企业异质性显著存在的条件下，模型设定较好。

总体来说，模型对数据拟合较好。从上述两个测量指标来看，模型 2 的设定并没有比模型 1 的设定更优，但从沿海地区变量的显著性和浙江省的地理特点来看，模型 2 的设定更为可取。

2.6　结论及政策含义

国际贸易理论的研究在很长一段时间里一直停留在产业层面，

直到最近几年，其研究焦点才开始触及企业层面。国际贸易流动的推动力来源也从过去的基于产业层面的传统比较优势和规模经济发展到基于企业层面的异质性所创造的新的比较优势。本研究通过对企业层面贸易流动的考察来挖掘新优势的来源，进而为我国政府在企业参与国际竞争方面提供一些理论指导和政策参考。

企业出口参与的滞后性和出口行为的持续性引发了人们对于企业出口参与决策的内在机制的思考。这一条线的研究突破了过去产业层面研究的局限，开拓性地从企业异质性和市场进入成本的视角来研究企业出口参与行为。本部分通过企业最大化其出口未来回报来构建企业最优出口参与模型，并参数化企业出口回报函数构建二项分布企业出口动态计量模型，进一步从实证的视角来考察企业出口参与内在机理。本研究采用浙江省 2001—2003 年的企业面板数据考察了企业异质性、市场进入成本、技术溢出和特定区位对企业出口参与的影响。

研究结果表明，企业异质性对企业出口参与的影响非常显著。生产率高、规模大且具有公司制度安排的企业更容易出口。市场进入成本在该样本研究中显著存在，这对观察到的企业出口行为的持续性提供了合理的解释。由于存在不可撤销的市场进入成本，所以只有生产率高、规模大的企业才会选择出口以获得足够的利润空间。本研究并没有发现地区特定的技术溢出效应的存在，但是确实发现存在显著的产业特定的技术溢出。从浙江省的地理特点来看，海滨城市的企业更容易从事出口活动，海运交通的便利给它们创造了参与出口竞争的区位优势。

从本研究的实证结果来看，政府的出口激励政策应该着眼于提高企业的生产率和降低市场进入成本以引导更多的具有竞争力的新企业进入出口市场，而不是通过出口退税和出口补贴等手段来扩大现存企业的出口容量。在此基础上，应建立合理有序的出口市场进入和退出机制，以保障生产率高的企业有效进入和生产率低的企业合理退出。只有这样，产业生产率才能够通过资源重组获得提升。与此同时，政府部门应通过完善市场信息咨询网络、加强出口基础设施建设和提供稳定的宏观经济政策环境，来有效地降低潜在企业

的市场进入成本。从产业和地区发展的出口扶植来看，产业特定的技术溢出相对比较显著，因而应着力加强和营造地区发展的政策和空间环境来促进地区特定的技术溢出效应的发挥。

参考文献

Aitken，Brian，Gordon Hanson，Ann Harrison. "Spillovers，Foreign Investment，and Export Behaviour" . *Journal of International Economics*，1997，43（1－2）：103－132.

Aw，Bee Yan，Sukkyun Chung，Mark J. Roberts. "Productivity and Turnover in the Export Market：Micro-level Evidence from the Republic of Korea and Taiwan（China）" . *World Bank Economic Review*，2000，14（1）：65－90.

Baldwin，Richard E. "Heterogeneous Firms and Trade：Testable and Untestable Properties of the Melitz Model" . NBER Working Paper No. 11471，2005.

Bernard，Andrew B，Jonathan Eaton J. Bradford Jensen and Samuel Kortum. "Plants and Productivity in International Trade" . *The American Economic Review*，2003（93）：1268－1290.

Bernard A，J Bradford Jensen. " Exporters，Jobs and Wages in U. S. Manufacturing，1976 － 1987" . Brookings Papers on Economic Activity，Microeconomics，1995：67－119.

Bernard Andrew B，J Bradford Jensen. " Exceptional Exporter Performance：Cause，Effect，or Both?" . *Journal of International Economics*，1999a（47）：1－26.

Bernard Andrew B，J Bradford Jensen. "Exporting and Productivity：Importance of Reallocation" . NBER Working Paper No. 7135，1999b.

Bernard Andrew B，J Bradford Jensen. "Why Some Firms Export" . *The Review of Economics and Statistics*，2004，86（2）：561－569.

Bernard Andrew B，J Wagner. "Exports and Success in German Manufacturing" . *Review of World Economics*，1997，133（1）：134－157.

Clerides Sofronis K，Saul Lach，James R Tybout. "Is Learning by Exporting Important? Micro-dynamic Evidence from Colombia，Mexico，and Morocco". *Quarterly Journal of Economics*，1998，CXIII：903－947.

Eaton，Jonathan，Samuel Kortum，Francis Kramarz. "Dissecting Trade: Firms，Industries，and Export Destinations" . *The American Economic Review*，2004，94（2）：150－154.

Hopenhayn H. "Entry，Exit，and Firm Dynamics in Long Run Equilibrium" . *Econometrica*，1992（60）：1127－1150.

Krugman，Paul R. "Scale Economies，Product Differentiation，and the Pattern of Trade" . *The American Economic Review*，1980（70）：950－959.

Krugman，Paul R. "Import Protection as Export Promotion：International Competition in the Presence of Oligopoly and Economies of Scale" . in H. Kierzkowski，ed.，*Monopolistic Competition and International Trade*. Oxford：Oxford University Press，1984：180－193.

Krugman，Paul R. *Exchange Rate Instability*. MIT Press，Cambridge MA，1989.

Krugman，Paul R. *Geography and Trade*. MIT Press，Cambridge MA，1992.

Melitz M J. "The Impact of Trade on Intra-Industry Reallocations and Aggregate Industry Productivity" . *Econometrica*，2003（71）：1695－1725.

Roberts，Mark J，James R Tybout. "The Decision to Export in Colombia：An Empirical Model of Entry with Sunk Costs" . *The American Economic Review*，1997，87（4）：545－564.

第3章

企业异质性与国际贸易：自选择效应与出口学习效应

3.1 引言

21世纪以来，国际贸易理论从宏观向微观拓展——以微观企业为研究对象，把企业异质性引入模型假定，分析异质性企业的国际化路径选择，产生了新新贸易理论，其研究的一个重要热点是企业生产率与出口行为之间的关系。传统的国际贸易理论关于比较优势的研究是围绕生产率这一核心范式展开的，但是对于传统理论的实证研究因为生产率测度的困惑而只能停留在对贸易流量的测度和分析上。新新贸易理论通过引入可测度的企业生产率，弥补了国际贸易理论在实证研究发展中的不足，并拓展了比较优势新的来源的研究，即企业的异质性和组织管理方式。本文将从生产率这一核心范式入手来考察企业出口参与和出口供给决策，试图从新新贸易理论的视角来解释国际贸易的发生和贸易利得的实现。

企业生产率与企业的出口行为，既关系到企业自身的可持续发展，又关系到一个国家的国际竞争力和长期经济增长。改革开放三十多年来，中国出口贸易发展迅速，通过出口导向的发展战略有效地促进了经济的快速稳定增长。中国本土企业也经历了一个快速成长的阶段，在加入世界贸易组织以后加速融入了全球一体化进程，但在跨国公司主导的全球价值链分工体系中，中国本土企业却更多地从事低技术、低附加值、高环境成本的劳动密集型活动。这种仅仅依靠扩大企业出口贸易容量的经济增长方式是难以持续的。只有优化中国本土企业的产品结构，提高企业生产率，才能使中国本土企业在全球日趋激烈的竞争中立于不败之地。因此，研究企业生产率与出口行为的关系来指导我国贸易战略的调整，是当前急需解决的重要课题。

为此，本部分从微观企业层面进行实证分析，试图找到新新贸易理论与中国企业出口行为的契合点，为中国本土企业的对外贸易发展提供理论依据和政策参考。本研究采用浙江省 2001—2003 年的企业面板数据对企业生产率与企业出口参与和出口供给决策之间的关系进行实证分析，通过 Heckman 两步法建模，在一个统一的分析框架下考察企业出口过程中的自我选择效应和出口学习效应。研究发现，只有生产率高的企业才会自我选择进入出口市场，一旦企业进入出口市场，将从出口市场中积累学习经验，从而降低企业生产成本，提高企业最优出口供应量。在经济全球化的背景下，该研究为中国出口企业参与国际分工提供了一定的政策参考。本部分接下来的安排为：3.2 节为文献综述；3.3 节构建企业最优出口参与和出口供给的理论模型；3.4 节对样本数据进行描述性统计分析；3.5 节构建实证模型并讨论计量方法；3.6 节分析实证结果；3.7 节总结全文，讨论政策含义。

3.2　文献综述

文献中围绕企业生产率与出口行为关系的研究主要沿两条路径展开，即自我选择效应（self-selection effect）和出口学习效应（learning-by-exporting effect）。

自我选择效应最早在1998年提出。Clerides，Lach和Tybout（1998）指出由于出口市场存在沉没成本，包括进入壁垒、运输成本、企业进入新市场的分销和营销成本等，只有企业的生产率足够高，才能克服参与出口市场的沉没成本，从出口市场中获取利润。因此，企业在进入出口市场之前，就已经具有较高的生产率。结果是生产率高的企业自我选择进入出口市场，生产率相对较低的企业退出或选择不进入出口市场。Melitz（2003）在Krugman（1980）模型的基础上，以Hopenhayn（1992）一般均衡垄断竞争动态产业模型为基础，引入企业生产率等异质性因素，构建理论模型。研究结果表明，由于企业进入国外市场需要支付固定成本，比如运输成本、企业进入新市场的分销和营销成本、广告费用、国外销售渠道开拓、国际交易风险等，企业在生产率、企业规模、技术创新等方面的异质性，会对企业出口决策行为进行自我选择，引发生产率较高的企业进入出口市场，生产率较低的企业则会退出。Bernard，Eaton，Jensen和Kortum（2003），Yeaple（2005）等学者进一步放松Melitz（2003）的假设条件，以Bertrand竞争为基础，引入企业异质性、不完全竞争、要素禀赋等因素，构建理论模型，得到类似结论。Baldwin（2005）进一步指出，企业应首先有效地依靠国内市场（Krugman，1980），获得生产率竞争优势，才能具备支付高额沉没成本与开拓成本的能力，从而通过自我选择进入出口市场。

对发达经济体和新兴工业化经济体的实证检验支持了企业生产率对企业出口参与行为的自我选择效应。例如，对美国（Bernard and Jensen，1995，1999a，2004a，2004b；Jensen and Musick，1996）、英国（Girma，Greenaway and Kneller，2003；Greenaway and Kneller，2004；Falvey，Greenaway and Yu，2004；Crespi，Criscuolo and Haskel，2006）、德国（Bernard and Wagner，2001；Arnold and Hussinger，2005）、意大利（Castellani，2002）、日本（Kimura and Kiyota，2006）、智利（Alvarez and López，2004）、墨西哥、摩洛哥和哥伦比亚（Clerides，Lach and Tybout，1998）、中国台湾和韩国（Aw，Chung and Roberts，2000）的实证检验，都证明了企业生产率对企业出口参与行为的影响具有自我选择效应。对一部分发展中国家的研究不太支持自我选择效应（Greenaway and Kneller，2007），对中国的研究尽管相对较少，结论还是比较一致的。张杰、李勇、刘志彪（2008）和易靖韬（2009）的研究都支持自我选择效应。

Clerides，Lach 和 Tybout（1998）同时也指出了出口学习效应的存在，即一旦企业参与到出口市场中，从顾客和竞争对手处获取先进的生产技术、高效的管理方式等，促进企业提高技术学习能力，降低企业的生产成本，提高企业的出口供应量。文献中出口学习效应主要通过三种渠道传播：（1）通过与国外竞争者和客户进行产品式样、质量、设计等方面的交流，企业不断降低生产成本、提高产品质量。最明显的例证就是发展中国家为出口市场生产的产品的质量，通常比为国内市场生产的类似产品的质量要高。（2）企业参与出口市场，能扩大企业生产规模，产生规模经济效益。（3）企业参与到出口市场中，可以提高企业创新的回报，从而加强对企业创新能力的激励作用；出口市场中更加激烈的竞争会促进企业不断改善生产中的各种无效率的环节，如业务流程再造工程就体现了很好的学习结果。出口学习效应也是众多学者和政府主张采取出口导向战略的依据，被认为是发展中国家从发达国家获取更高的生产技术、更先进的研发能力的途径。

目前对发展中经济体的实证检验支持了出口学习效应假说，即发展中国家通过参与出口市场，能够有效降低企业的生产成本，并提高企业的出口供应量。例如，对印度（Tucci，2005）、印度尼西亚（Blalock and Gertler，2004）、非洲经济体（Bigsten et al.，2000；Van Biesebroeck，2005；Mengistae and Pattillo，2004）企业

数据的实证检验，都发现了出口学习效应的存在。就中国而言，张杰、李勇、刘志彪（2008，2009）的研究都支持出口学习效应。然而对发达国家的研究发现，出口学习效应一般都不太显著（Greenaway and Kneller，2007）。

3.3　理论模型

本文假定企业理性地追求出口未来回报最大化。当企业面临出口参与选择时，只有出口期望回报超过其参与出口市场过程中的全部固定成本，企业才会选择出口，并且一旦企业选择出口，其总是能够选择在利润最大化水平上进行生产。

企业出口期望回报定义如下：

$$V_{it}(\Pi_{it}) = \max_{I_{ij}, q_{ij}} E_t\left[\sum_{j=t}^{\infty}\delta^{j-t}\Omega_{ij}(I_{ij}) \mid \Pi_{it}\right] \tag{3-1}$$

其中，V_{it}表示企业 i 在第 t 期的出口期望回报的最大化净现值；δ 表示一期折旧率；Ω_{ik}表示企业 i 各期的出口回报；Π_{it}表示企业过去的产出选择信息集，这是企业预测其出口期望回报的依据。当企业选择出口时，出口状态 $I_{ij}=1$，此时企业选择最佳的出口水平 q_{ij}；当企业选择不出口时，$I_{ij}=0$，$q_{ij}=0$。

3.3.1　自我选择效应

企业在进入和退出出口市场时，面临着诸如分销网络的建立、运输成本、营销成本等一系列不可撤销的成本，被定义为沉没成本。本文假定企业选择出口参与行为时，存在着一次性进入成本（J_i）或退出成本（K_i）。因此，企业 i 在第 t 期的出口回报 Ω_{it} 可以表示为：

$$\Omega_{it}(I_{it}) = I_{it}[\pi_{it}(X_{it}, Z_{it}) - J_i(1-I_{it-1})] - K_i I_{it-1}(1-I_{it}) \tag{3-2}$$

式中，π_{it}表示企业在未扣除进入/退出成本之前的利润；X_{it}包括企业异质性特征（生产率、企业规模等）；Z_{it}包括控制变量（市场环境、产业、区位特征等）。企业利润π_{it}被假定由X_{it}和Z_{it}决定。出口回报Ω_{it}依赖于企业上一期是否已出口。若上一期企业已出口（$I_{it-1}=1$），并且本期仍然保持出口，则$\Omega_{it}(I_{it})=\pi_{it}$；若本期企业决定退出市场，则$\Omega_{it}(I_{it})=-K_i$；若企业上一期未出口（$I_{it-1}=0$）而本期决定出口，则$\Omega_{it}$（$I_{it}$）$=\pi_{it}-J_i$。

根据 Bellman 最优出口市场参与模式方程处理式（3－1），企业i在第t期的最优出口参与决策I_{it}应满足：

$$V_{it}(\Pi_{it})=\max_{I_{it}}\{\Omega_{it}(I_{it})+\delta E_t[\Omega_{it+1}(I_{it+1})\mid I_{it}]\} \tag{3-3}$$

我们可以根据式（3－3）的一阶条件求出最优解。若企业i选择出口$I_{it}=1$，必须满足下式：

$$\begin{aligned}&\pi_{it}(X_{it},Z_{it})+\delta\{E_t[\Omega_{it+1}(I_{it+1})\mid I_{it}=1]\\&-E_t[\Omega_{it+1}(\mid_{it+1})\mid I_{it}=0]\}\geqslant J_i-(J_i+K_i)I_{it-1}\end{aligned} \tag{3-4}$$

这表明只有当企业i的出口未来回报现值大于企业i选择出口参与过程中的沉没成本时，企业将选择出口，即$I_{it}=1$。

根据式（3－4），我们可以把企业的出口参与决策过程表述为如下动态离散选择方程：

$$\begin{cases}I_{it}=1 & if \quad W^*-J_i+(J_i+K_i)I_{it-1}\geqslant 0\\ I_{it}=0 & if \quad W^*-J_i+(J_i+K_i)I_{it-1}<0\end{cases} \tag{3-5}$$

式中，$W^*=\pi_{it}(X_{it},Z_{it})+\delta\{E_t[\Omega_{it+1}(I_{it+1})\mid I_{it}=1]-E_t[\Omega_{it+1}\mid I_{it}=0]\}$。

假定企业出口未来回报W^*是企业生产率的递增函数，那么出口市场沉没成本的存在将使得企业生产率在企业参与出口市场的决策中具有非常重要的作用。只有当企业的生产率达到一定的边际水平时，企业才能获得足够的收益克服参与出口市场的沉没成本，从而通过自我选择进入出口市场。这种自我选择是依赖于企业对自身生产率和出口市场进入成本的评估。如果实证检验观察到，企业滞后一期的出口状态和企业生产率对企业当期出口状态的影响都显著为正，则说明企业参与出口市场过程中具有自我选择效应。

3.3.2 出口学习效应

企业一旦参与到出口市场中，会通过与更优秀的竞争对手和更

大的顾客群进行交流等因素实现经验的积累，从而降低企业生产成本，提高企业出口供应量，获得出口学习效应（Clerides，Lach and Tybout，1998；Bernard and Jensen，2004b）。[①] 若学习效应存在，企业上一期的出口（q_{it-1}）会减少当期为出口而生产产品的成本，包括固定成本和边际成本，这一过程可描述为：

$$\pi_{it}(X_{it}, Z_{it}) = p_{it}q_{it}^{*} - C_{it}(X_{it}, Z_{it}, q_{it}^{*} \mid q_{it}^{*}) \tag{3-6}$$

$$\frac{\partial C_{it}(\cdot)}{\partial q_{it-1}} < 0 \tag{3-7}$$

式中，p_{it} 为企业 i 的产品第 t 期在出口市场的销售价格；C_{it} 为企业 i 在第 t 期的生产成本。这表明企业在出口市场中若存在出口学习效应，过去的生产将导致当期生产成本的下降。

同时，企业生产成本的下降会鼓励企业增加产品产量，提高企业的出口供应量。我们把企业当期的出口供应量表述为企业异质性特征、企业外部因素和企业生产成本的函数：

$$q_{it}^{*} = q_{it}^{*}(X_{it}, Z_{it}, C_{it}) \tag{3-8}$$

$$\frac{\partial q_{it}^{*}}{\partial C_{it-1}} < 0 \tag{3-9}$$

根据式（3-6）～式（3-9），我们可以把企业当期的出口供应量表述为企业上一期出口供应量的函数：

$$q_{it}^{*} = q_{it}^{*}(X_{it}, Z_{it}, C_{it}) = q_{it}^{*}(X_{it}, Z_{it}, q_{it-1}^{*}) \tag{3-10}$$

$$\frac{\partial q_{it}^{*}}{\partial q_{it}^{*}} > 0 \tag{3-11}$$

式（3-11）表明企业过去一期为出口生产所积累的经验促进了当期为出口而进行的生产，并提高了企业出口供应量。

企业一旦进入出口市场，企业出口供应量函数可以表述为：

$$q_{it} = \begin{cases} q_{it}(X_{it}, Z_{it}, q_{it-1}) & if \quad I_{it} = 1 \\ 0 & if \quad I_{it} = 0 \end{cases} \tag{3-12}$$

若实证检验观察到，一旦企业进入出口市场，企业滞后一期的

① Clerides，Lach，Tybout（1998）和 Bernard，Jensen（2004b）是通过考察企业出口对生产成本的影响来研究出口学习效应。Bernard 和 Jensen（2004c）是通过考察企业出口对生产率的影响来研究出口学习效应。

出口供应量对企业当期出口供应量的影响显著为正，则说明企业参与出口市场后具有出口学习效应。

3.4 企业异质性与出口行为

3.4.1 数据描述

本文数据来源于2004年全国经济普查所得浙江省企业数据，涵盖了2001—2003年浙江省杭州、宁波、温州等11个城市出口企业与非出口企业的规模、销售收入、产出、利润、工业增加值、员工工资等信息。该样本企业所在行业分布于采矿业（四位数SIC行业代码06～1），制造业（四位数SIC行业代码13～43），电力、燃气及水的生产和供应业（四位数SIC行业代码44～46），在结构上组成面板数据。原始数据中，有30 404家企业，共65 675个观测样本。

表3-1是根据行业和企业规模划分的出口企业分布。由于2001—2003年的出口企业分布情况基本相同，我们选取2001年的出口企业分布为代表进行说明。从表中可以看出，我国浙江省的出口企业绝大部分集中在制造业，采矿业，电力、燃气及水的生产和供应业只有少量的企业出口。我们还观察到，企业规模小于50人的企业中，只有不到25%的企业选择出口；企业规模大于200人的企业中，有近60%的企业选择出口。由此可见，企业所处的行业和自身规模都将影响其出口参与决策。

表3-1　　2001年浙江省出口企业分布（四位数SIC行业代码）

	出口企业数量						
行业代码	$x<20$	$20\leqslant x<50$	$50\leqslant x<100$	$100\leqslant x<200$	$200\leqslant x<500$	$x\geqslant 500$	总计
06～1	0	9	4	6	3	2	24
13～43	97	693	1 784	2 361	1 856	934	7 725
44～46	0	1	0	0	0	1	2
总计	97	703	1 788	2 367	1 859	937	7 751

续前表

所有企业数量							
行业代码	$x<20$	$20\leqslant x<50$	$50\leqslant x<100$	$100\leqslant x<200$	$200\leqslant x<500$	$x\geqslant 500$	总计
06～1	3	22	23	33	24	12	117
13～43	503	2 843	5 167	4 996	3 177	1 249	17 935
44～46	22	44	85	74	87	38	350
总计	528	2 909	5 275	5 103	3 288	1 299	18 402
出口企业数量/总体企业数量							
行业代码	$x<20$	$20\leqslant x<50$	$50\leqslant x<100$	$100\leqslant x<200$	$200\leqslant x<500$	$x\geqslant 500$	总计
06～1	0	0.409	0.174	0.182	0.125	0.167	0.205
13～43	0.193	0.244	0.345	0.473	0.585	0.748	0.431
44～46	0	0.023	0	0	0	0.026	0.006
总计	0.184	0.242	0.339	0.464	0.566	0.721	0.421

注：1. 四位数 SIC 行业代码：06～1 为采矿业；13～43 为制造业；44～46 为电力、燃气及水的生产和供应业。2. x 表示员工数量。

资料来源：2004 年第一次全国经济普查。

3.4.2 出口企业与非出口企业异质性比较

表 3－2 描述了 2001—2003 年浙江省出口企业与非出口企业的分布情况。2001—2003 年浙江省每年的出口企业数量均有小幅增加，出口企业数量占总体企业数量的比例由 42.1%上升到 44.1%。出口企业的平均产量和平均劳动生产率明显高于非出口企业，且差距逐年扩大。同时，出口企业贡献了行业的大部分产量，由 2001 年的 58.9%上升至 2003 年的 62.7%。

表 3－2　2001—2003 年浙江省出口企业与非出口企业分布情况（四位数 SIC 行业代码）

企业类型	测量指标	2001 年	2002 年	2003 年
出口企业	数量	7 751	9 554	11 269
	平均产量	57 776.03	60 335.18	69 814.06
	平均出口量	24 596.72	25 577.92	29 877.67
	平均劳动生产率（真实产出/员工数量）	233.98	258.72	293.81
	出口企业数量/总体	0.422	0.439	0.442
	出口企业总产量/总体	0.589	0.609	0.627

续前表

企业类型	测量指标	2001 年	2002 年	2003 年
非出口企业	数量	10 632	12 211	14 235
	平均产量	29 347.25	30 287.97	32 930.48
	平均劳动生产率（真实产出/员工数量）	221.52	248.06	275.94

资料来源：2004 年第一次全国经济普查。

3.4.3 企业进入和退出出口市场的动态过程

表 3－3（a）显示了第 t 年的出口企业和非出口企业在第 $t+1$ 年选择出口或不出口的概率。我们看到 2001 年的非出口企业中，有 89.5%的企业选择继续不出口，2002 年的非出口企业中，有 91%的企业选择继续不出口，同时，2001 年和 2002 年的出口企业中均有 92.3%的企业选择继续出口，可见企业出口参与行为具有不易改变的惯性。这一现象可能由两方面原因引起：一是出口市场的沉没成本；二是企业的异质性特征。

表 3－3（b）显示了新进入/退出企业数量占出口/非出口企业的百分比，同时也分别列出了它们的出口量和营业额占总体的百分比。这里需要指出的是，新退出企业的出口量用上一期表示。我们看到新进入企业的出口量所占百分比约为 5%，占到出口市场份额的很小一部分，同时，新退出企业在退出出口市场之前的出口量所占百分比低于 1%，可见新退出企业在退出市场之前的市场份额就已经下降至低点。

表 3－3　企业进入和退出出口市场的动态过程（四位数 SIC 行业代码）

（a）企业在出口市场的转换率

t 年	$t+1$ 年	2001—2002 年	2002—2003 年
非出口企业	非出口企业	0.894 9	0.909 9
	出口企业	0.105 1	0.090 1
出口企业	出口企业	0.923 1	0.923 3
	非出口企业	0.076 9	0.076 7

续前表

(b) 由新进入/退出企业贡献的出口量			
$t+1$ 年	$t+1$ 年	2001—2002 年	2002—2003 年
新进入企业	企业数量	0.119 0	0.111 7
	出口量	0.053 6	0.051 3
	营业额	0.056 6	0.055 9
新退出企业	企业数量	0.029 0	0.030 1
	出口量	0.009 1	0.010 0
	营业额	0.026 9	0.027 7

资料来源：2004 年第一次全国经济普查。

3.5　实证模型

3.5.1　计量模型

本文的计量模型分为两步：第一步估计企业出口参与方程（3-5）；第二步估计企业出口供给方程（3-12）（Campa，2004；Lawless，2010）。

我们可以通过结构方程（a structural equation system）的方法来估计方程（3-5），也可以通过简约型单方程（a reduced-form equation）的方法来估计。本文参照 Roberts 和 Tybout（1997）的简约型单方程的方法，把企业出口期望回报减去沉没成本表示为如下的线性函数：

$$W^* - J_i + (J_i + K_i) I_{it-1} = \alpha_0 + \alpha_1 X_{it-1} + \alpha_2 Z_{it} + \alpha_3 I_{it-1} + \varepsilon_{it} \tag{3-13}$$

式中，X_{it} 包括可观测到的企业内部异质性特征，如企业生产率、企业规模等；Z_{it} 包括控制变量如企业的地理特征、企业的产业特征等；I_{it-1} 为滞后一期的企业出口状态，它反映出口市场沉没成本导致的企业出口行为的持续性，可用来协助测度出口市场的沉没成本；α_i（$i=0$，1，2，3）为参数；ε_{it} 为残差项。根据 Bernard 和 Jensen（1995），企业自身异质性的变化会影响企业的出口参与决策，同时，企业是否参与出口也会导致企业自身异质性的变化。为了避免同步性的影响，本文模型采用滞后一期的企业异质性特征 X_{it-1}。

基于上述讨论，将式（3－13）代入式（3－5），可以得到企业出口参与方程：

$$\begin{cases} I_{it}=1 \quad if \quad \alpha_0+\alpha_1 X_{it-1}+\alpha_2 Z_{it}+\alpha_3 I_{it-1}+\varepsilon_{it}\geqslant 0 \\ I_{it}=0 \quad if \quad \alpha_0+\alpha_1 X_{it-1}+\alpha_2 Z_{it}+\alpha_3 I_{it-1}+\varepsilon_{it}<0 \end{cases} \tag{3-14}$$

若企业选择进入出口市场，我们同样通过简约型单方程的方法，把企业出口供给方程（3－12）表述为如下的动态线性函数：

$$q_{it}=\begin{cases} \beta_0+\beta_1 X_{it-1}+\beta_2 Z_{it}+\beta_3 q_{it-1}+v_{it} & if \quad I_{it}=1 \\ 0 & if \quad I_{it}=0 \end{cases} \tag{3-15}$$

式中，q_{it-1}为滞后一期的企业出口供应量，用来协助测度出口市场中的出口学习效应；β_i（$i=0$，1，2，3）为参数；v_{it}为残差项。

3.5.2 变量设置

根据实证文献和研究问题，本部分重点考察企业生产率、企业规模、市场进入成本、技术溢出效应对企业出口参与决策的影响以及企业生产率、企业规模、出口学习经验、技术溢出效应对企业出口供应决策的影响。表 3－4 对企业出口参与方程和出口供给方程中涉及的变量作了描述。

表 3－4　回归方程变量设置

企业出口参与方程		
变量设置	变量名称	变量描述
因变量	exp	企业出口状态（虚拟变量）
自变量	lnprodl	企业滞后一期生产率对数
	lnempl	企业滞后一期员工数量对数
	expl	企业滞后一期出口状态（虚拟变量）
	lnexregionl	企业所在城市滞后一期的特定出口数量对数
	lnexindustryl	企业所处行业滞后一期的特定出口数量对数
	industry	企业所处行业（虚拟变量）
	year	年份（虚拟变量）
	region	企业所在城市（虚拟变量）

续前表

企业出口供给方程		
变量设置	变量名称	变量描述
因变量	lnexports	企业出口供应量对数
自变量	lnprodl	企业滞后一期生产率对数
	lnempl	企业滞后一期员工数量对数
	lnexportsl	企业滞后一期出口供应量对数
	lnexregionl	企业所在城市滞后一期的特定出口数量对数
	lnexindustryl	企业所处行业滞后一期的特定出口数量对数
	IMR	逆 mills 比率（在计量方法中阐述）
	industry	企业所处行业（虚拟变量）
	year	年份（虚拟变量）
	region	企业所在城市（虚拟变量）

1. 企业出口行为

本部分用来研究企业出口行为的因变量包括企业出口状态和企业出口供应量。其中，企业出口状态用来研究企业是否参与出口市场，企业出口供应量用来研究当企业参与出口市场时，其最优出口供给水平。本部分通过研究企业出口状态的转变来考察企业出口参与决策中的自我选择效应，通过研究企业最优出口供给水平来考察企业进入出口市场后积累的出口学习效应。

2. 企业异质性特征

(1) 企业生产率。Bernard 和 Jensen (2004b) 揭示出，企业选择出口与企业的生产率密不可分。生产率越高的企业具有越强的市场竞争力，更容易进入出口市场，并在本国市场和出口市场上取得成功。本部分生产率的测度根据文献采用了两种测度方法：一是用单位劳动力产出来表示企业劳动生产率，即真实产出/员工数量；二是用 Levinsohn 和 Petrin (2003) 的方法计算企业全要素生产率 (Bernard and Jensen, 1999b; Johanson, 2009; Rivers, 2009;

Cole，Elliott and Virakul，2010)。①

(2) 企业规模。与国内贸易相比，企业进入出口市场会增加企业的产品的边际成本，包括广告费用，运输费用，海关费用，国外消费者更为苛刻的质量、安全与环保壁垒，海外销售终端的建立，以及国际市场的高不确定性风险与高政治风险。只有那些规模较大的企业，利用在国内市场已经获得的规模经济，克服这些额外成本，才有能力参与到出口市场来。因此，规模越大的企业越有可能选择参与出口市场。本文用企业员工数量来测量企业规模。

3. 市场进入成本

文献中揭示，企业的出口行为具有可持续性，这有可能是市场沉没成本造成的。一般来说，出口的企业会选择继续出口，不出口的企业会继续保持不出口。因此，本部分在模型中引入滞后一期的出口状态参数，以期测度出口市场的沉没成本。若滞后一期的出口状态的参数显著非零，则说明出口市场存在沉没成本。

4. 出口学习经验

文献中指出，过去的出口经验的累积会降低当期的生产成本，提高出口供应水平。本部分用滞后一期的出口供应量来测度出口市场累积的学习经验。若滞后一期的出口供应量的参数显著为正，则说明企业在出口过程中存在学习效应。

5. 技术溢出效应

在市场上其他出口企业的存在会降低潜在企业进入出口市场的成本，并通过出口学习经验为邻近出口企业带来生产成本的下降(Aitken，Hanson & Harrison，1997)。如果市场进入成本和出口学习效应显著存在，这种邻近企业的技术溢出将会提高企业出口参与

---

① Rivers (2009) 提到通过估计生产函数来测度全要素生产率在实证文献中主要面临的两个基本问题：(2) 一是生产投入要素的内生性问题 (endogeneity bias)，讨论生产率对生产要素投入决策的影响；二是产出价格的遗漏问题 (omitted output price bias)，讨论用行业水平价格指数获得的企业真实产出与企业实际的真实产出的差异对生产率估计的影响（主要因为企业水平价格指数往往不可获得）。Levinsohn 和 Petrin (2003) 的方法可以有效地控制生产投入要素的内生性问题，同时浙江省的企业数据库提供了企业层面的真实产出信息，也可以有效地避免产出价格遗漏问题，因此，本部分采用 Levinsohn 和 Petrin (2003) 的方法来估计全要素生产率。他们的方法也广泛应用于国际贸易文献（例如，Cole，Elliott and Virakul，2010)。

的意愿和企业出口供应的数量。这种反映技术溢出效应的外部性可以通过多种方式和渠道来实现（Bernard & Jensen，2004b）。本部分主要考察产业特定出口（industry-specific）和地区特定出口（region-specific）对于企业出口参与和出口供给的影响，并用企业所处产业和所在城市的特定出口数量来测量这两种形式的外部效应。

6. 其他控制变量

本部分的控制变量包括年份控制变量、产业控制变量和城市控制变量。年份控制变量主要用来控制企业所面临的外部需求条件的改变和时间维度上可能存在的宏观层面的变化。由于地理区位、自然禀赋与文化习俗条件的差异，不同地域的经济发展、对外开放程度和产业环境都会存在差异，即使在一省内部这种区域性和产业性的特点也可能会表现出显著的差异。因此，本部分引入产业控制变量和城市控制变量来控制由产业和区域引起的变化。这三类变量均设成虚拟变量。其中，年份控制变量包括 2001—2003 年三年；产业控制变量包括三大产业，分别为采矿业、制造业和电力、燃气及水的生产和供应业；城市控制变量包括浙江省的 11 个地级城市，如杭州、宁波、温州等。

3.5.3 计量方法

本部分对式（3－14）和式（3－15）进行联合估计，但在进行估计之前，首先对两个方程中的残差项 ε_{it} 和 v_{it} 进行约束。本部分考虑两残差的序列相关特点，但是假定由一个随机效应部分所引起。除了模型中涉及的变量之外，其他不可观测的企业特征包括企业文化、产品特征、海外经验等都能够影响企业的出口参与决策，这些变量不仅是企业异质性特征，而且其本身也是序列相关的。对于企业出口参与方程，如果不考虑这些因素的影响，α_3 会吸收它们的效应，必将严重高估由 I_{it-1} 所测度的出口市场沉没成本。因此，本部分把残差项 ε_{it} 分解为两个正态随机分布部分 τ_i 和 $\bar{\omega}_{it}$，即 $\varepsilon_{it}=\tau_i+\bar{\omega}_{it}$。其中 τ_i 只与企业相关，$\bar{\omega}_{it}$ 为白噪声，反映企业面对的外部随机扰动。将 ε_{it} 标准化，即 $\mathrm{var}(\varepsilon_{it})=1$，并且假设 $\mathrm{cov}(\tau_i, \bar{\omega}_{it})=0$。同理，本部分假设出口供给方程的残差项遵循类似结构，设定残差 $v_{it}=\zeta_i+k_{it}$。这里 ζ_i 和 k_{it} 均为零均值正态分布，方差为 σ_ζ^2 和 σ_κ^2。

本部分进一步严格限定两残差项之间的相关性。假定对于某一给定的企业，只有随机效应部分存在序列相关性，即如果 $i=k$，$\text{cov}(\tau_i,\ \zeta_k)=\rho$，否则其协方差为 0，且 $\text{cov}(\tau_i,\ \tilde{\omega}_{it})=\text{cov}(\zeta_i,\ k_{it})=\text{cov}(\tilde{\omega}_{it},\ k_{it})=0$。在上述假定的前提下，残差项 v_{it} 和 ε_{it} 构成了二元联合正态分布。

关于估计方法，本部分采用 Heckman 两步法（Heckman，1981）对模型（3－14）和模型（3－15）进行联合估计。Heckman 两步法估计过程如下：第一步，通过动态随机效应 Probit 模型对方程（3－14）进行估计，参照 Butler 和 Moffitt（1982）的极大似然法求出估计值，并用这些估计值构造逆 mills 比率。第二步，把构造出的逆 mills 比率作为方程（3－15）的一个附加回归元，对该方程进行随机效应 GLS 估计。得到方程（3－15）的企业出口供应量的期望值和残差 v_{it} 的方差，表述如下：

$$E[q_{it}\mid I_{it}=1]$$
$$=\beta' X_{it-1}+\gamma' Z_{it}+\theta' q_{it-1}+\rho\sigma_v\lambda_{it}(\alpha'_1 X_{it-1}+\alpha'_2 Z_{it}+\alpha'_3 I_{it-1})$$
$$\text{var}(v_{it})=\sigma_v^2(1-\rho^2\lambda_{it}(\lambda_{it}+\alpha_1 X_{it-1}+\alpha_2 Z_{it}+\alpha_3 I_{it-1}))\quad(3-16)$$

式中，$\lambda_{it}(\cdot)=\phi(\cdot)/\Phi(\cdot)$，$\phi(\cdot)$ 是标准正态密度函数，$\Phi(\cdot)$ 是它的累积分布函数，$\lambda_{it}(\cdot)$ 即为本部分构造的逆 mills 比率。

3.6 实证结果

本部分模型中含有滞后一期变量，因此计量估计把 2001 年的观察值作为初始值，最终研究样本包括 20 706 家企业。表 3－5 第二列和第四列报告了方程（3－14）的估计结果，考察了企业生产率、企业规模、市场进入成本和技术溢出效应在控制产业、年份、城市特征的条件下对企业出口参与决策的影响，其中，第二列中的企业生产率由劳动生产率来表示，第四列中的企业生产率由全要素生产率来表示。表 3－5 第三列和第五列报告了方程（3－15）的估计结果，考察了一旦企

业进入出口市场，企业生产率、企业规模、出口学习经验和技术溢出效应在控制产业、年份、城市特征的条件下对企业出口供应决策的影响，同样，第三列和第五列分别报告了企业生产率由劳动生产率和全要素生产率来表示的结果。企业生产率的两种不同的测度方法可以帮助考察本部分实证结果的稳健性（robustness）。[①]

表 3-5　　企业出口参与和出口供给决策

解释变量	出口参与方程	出口供给方程	出口参与方程	出口供给方程
常数	−2.66 (4.64)	−5.33* (2.93)	−2.61 (4.57)	−5.35* (2.93)
上一年出口状态	2.63*** (0.02)	—	2.63*** (0.02)	—
上一年出口量	—	0.68*** (0.01)	—	0.68*** (0.01)
劳动生产率	0.03** (0.01)	0.15*** (0.01)	—	—
全要素生产率	—	—	0.04*** (0.01)	0.16*** (0.01)
员工数量	0.21*** (0.01)	0.33*** (0.04)	0.18*** (0.01)	0.20*** (0.04)
产业特定出口	0.13** (0.06)	0.14** (0.07)	0.13** (0.06)	0.14** (0.07)
地区特定出口	−0.13 (0.26)	0.17 (0.16)	−0.13 (0.26)	0.17 (0.16)
逆 mills 比率	—	1.87** (0.91)	—	1.93** (0.90)
年份变量	控制	控制	控制	控制
产业变量	控制	控制	控制	控制
城市变量	控制	控制	控制	控制
τ_i	0.000 5 (0.003 1)	—	0.000 5 (0.003 1)	—
ζ_i	—	0.564 3	—	0.564 3
$\sigma_\xi^2/\sigma_\xi^2+\sigma_\kappa^2$	—	0.565 4	—	0.565 2

① 劳动生产率只考虑企业生产率来源于劳动力这一个生产要素，全要素生产率则考察了企业生产率来源于劳动力、资本和技术这三个生产要素。

续前表

解释变量	出口参与方程	出口供给方程	出口参与方程	出口供给方程
对数似然值	−10 027.64	—	−10 026.26	—
样本规模	34 703	14 213	34 703	14 213

*表示10%的显著水平，**表示5%的显著水平，***表示1%的显著水平。括号中为标准误差。

3.6.1 企业出口参与

表3－5第二列报告了企业出口参与决策模型中，企业劳动生产率、企业规模（员工数量）、滞后一期企业出口状态、产业和地区特定的技术溢出效应对企业出口参与决策的影响。从结果中我们可以看出，劳动生产率、企业规模对企业出口参与决策的影响均显著为正。这表明企业劳动生产率的提升，能够提高企业出口参与的意愿。高的劳动生产率使得企业获得了在国际市场上竞争的优势，增大了企业出口的概率。这一结果与Melitz（2003）关于企业生产率对企业出口参与决策的影响的结论一致。同时，企业规模的扩大，有助于企业通过规模经济获得出口优势，这与Krugman（1980）关于以规模经济驱动的出口行为吻合。

滞后一期的企业出口状态测度了企业参与出口市场的沉没成本。从结果中我们可以看出，滞后一期的企业出口状态对企业出口参与决策的影响显著为正，这表明企业参与出口市场具有显著的沉没成本，因此企业的出口与非出口行为都具有明显的持续性。这一结果与Roberts和Tybout（1997）以及Campa（2004）关于市场沉没成本与企业出口参与的结论一致。

产业和地区特定出口用来测度产业和地区特定的技术溢出效应。结果表明，产业特定的技术溢出效应是显著存在的，地区特定的技术溢出效应并不显著。因而，给定出口市场上存在显著的沉没成本，同一产业内的出口企业将有利于降低非出口企业的市场进入成本，进而提高该产业内非出口企业的出口意愿。然而，地理上邻近的出口企业的技术溢出效应并不显著。Bernard和Jensen（2004b）对美国制造业企业的研究并没有发现显著的产业和地区维度的技术溢出

效应。

表 3－5 第四列报告了企业出口参与决策模型中企业生产率由全要素生产率来表示的结果。总的来说，全要素生产率的实证结果与劳动生产率的基本一致，企业生产率、企业规模、市场进入成本和产业特定的技术溢出效应都是显著的。然而，全要素生产率所测度的企业生产率对企业出口参与意愿的影响更加显著，其影响程度也更大，与劳动生产率相比增加了 1 个百分点。这可能是因为全要素生产率不仅考虑了劳动力的影响，而且考虑了资本和技术的影响，因而增加了企业生产率对企业出口意愿的贡献。但企业规模对企业出口意愿的贡献有所下降，与劳动生产率相比减少了 3 个百分点。这可能反映了规模经济效应是通过除劳动力以外的资本和技术等生产要素部分获得的，因此在全要素测度的生产率中控制住了资本和技术等生产要素对于出口意愿的贡献，企业规模的影响就会有所下降。

对企业生产率和出口市场进入成本的研究表明，出口市场沉没成本的存在，使得企业生产率在企业出口参与决策中具有非常重要的作用。因为只有企业的生产率达到一定的边际水平，企业才能克服参与出口市场的沉没成本，进入出口市场，从出口中获得利润。因此，生产率较高的企业就会自我选择进入出口市场，生产率较低的企业则会自我选择退出出口市场。这与 Melitz（2003）和 Bernard 等（2003）关于企业自我选择效应的结论一致。[①]

3.6.2　企业出口供给

表 3－5 第三列报告了企业出口供给决策模型中企业劳动生产率、企业规模、滞后一期企业出口供应量、产业和地区特定的技术溢出对企业当期出口水平的影响。从结果中可以看出，劳动生产率、企业规模对企业当期出口水平的影响均显著为正。这表明，企业劳

① 自我选择在发达国家和部分新兴经济体的数据样本中得到支持，发展中国家的数据样本的证据则不明显（Greenaway and Kneller，2007）。一般而言，成熟市场经济中的企业的自我选择效应会比发展中经济体通过政策扶持的企业的自我选择效应更为显著。然而中国的研究是支持自我选择效应的（张杰，李勇，刘志彪，2008；易靖韬，2009）。

动生产率不但影响企业的出口参与决策，同时还对企业的出口供给决策产生显著影响。企业的劳动生产率越高，企业在国际市场上获得的市场份额越大，出口供给水平也越高。企业规模越大，越有助于企业通过规模经济从更大的市场上获取市场份额，生产更多的产品。

滞后一期企业出口供应量测度了企业在出口过程中累积的出口学习经验。研究发现，企业滞后一期出口供应量对企业当期出口供应量的影响显著为正，说明企业加入到出口市场后，获得了显著的出口学习效应。这一结论验证了 Clerides，Lach 和 Tybout（1998）关于出口学习的理论预见。①

同样，产业和地区特定出口用来测度产业和地区特定的技术溢出效应。在企业参与到出口市场以后，产业特定的技术溢出效应是显著存在的，地区特定的技术溢出效应不显著。因而，给定出口企业的出口学习效应显著存在，同一产业内的出口企业从出口过程中积累的学习经验会有助于其他出口企业生产成本的降低，进而提升其最优出口供给水平。然而，地理上邻近的出口企业的技术溢出效应在出口市场上并不显著。

表 3－5 第五列报告了企业出口供给决策模型中企业生产率由全要素生产率来表示的结果。总的来说，全要素生产率的实证结果与劳动生产率的基本一致，企业生产率、企业规模、出口学习效应和产业特定的技术溢出效应都是显著的。同样，相对劳动生产率而言，全要素生产率对企业出口供给的贡献程度有所上升，企业规模的贡献程度则有所下降。

对企业生产率和出口学习经验的研究表明，出口学习经验的存在，使得企业生产率在企业出口供给决策中也具有非常重要的作用。因为出口学习经验的累积有效地降低了生产率高的企业的生产成本，

① 出口学习在发展中国家和新兴经济体的数据样本中获得了支持，但是发达国家样本往往不支持出口学习假说（Greenaway and Kneller，2007）。原因可能是发展中国家和新兴经济体通过出口从发达国家中学习先进技术和管理经验是比较显著的，发达国家通过出口更多的是获得了规模效应，学习效应则很弱。对中国的研究也表明出口学习效应很显著（张杰，李勇，刘志彪，2009）。

这必将提升其最优出口供给水平。与此同时，生产率高的企业对于出口学习经验的吸收也将更为有效。实证结果表明，企业最优出口供给水平的提高是由生产率水平的提升和出口学习经验的累积共同驱动的结果。

3.6.3　企业出口参与和出口供给决策

研究发现，出口市场存在着显著的沉没成本。企业若想参与到出口市场中来，就必须具备较高的生产率。这种高昂的沉没成本使得企业在进入出口市场以前就对企业进行了有效的甄别和筛选。企业生产率的高低决定了企业是否有资格进入到出口市场。只有生产率高的企业才有能力克服出口市场的沉没成本，参与出口市场的活动。

一旦企业进入到出口市场，其生产率水平进一步决定了企业的最优出口供应量。企业的生产率水平越高，企业越能从出口市场中分到更多的市场份额，获取更大的利益。同时，高生产率的企业对出口学习效应的吸收也更好，能够帮助企业降低为出口而生产产品的成本，进而提高企业的最优出口供应量。在企业出口参与和出口供给动态决策过程中，企业生产率都发挥了至关重要的作用。

3.7　结论及政策含义

本部分通过企业最大化其出口未来回报构建了企业最优出口参与和出口供给理论模型，并参数化其出口未来回报函数构建了实证模型。基于浙江省 2001—2003 年的企业面板数据，本部分采用 Heckman 两步法考察了企业生产率、企业规模、市场进入成本和技术溢出效应对企业出口参与决策的影响，并研究了企业参与出口市场过程中的自我选择效应和出口学习效应。研究结果表明，企业生产率对企业出口参与和出口供给决策的影响都非常显著。企业生产率水平越高，企业越有可能选择参与到出口市场中来；

一旦进入出口市场，高的生产率水平会进一步提高企业的最优出口供应量。

自我选择效应和出口学习效应在企业层面的出口行为中是显著存在的。出口市场存在显著的沉没成本，企业只有克服了沉没成本，才有可能进入出口市场。沉没成本的存在使得企业生产率成为企业出口参与决策的关键。生产率高的企业会自我选择进入出口市场，生产率低的企业则会自我选择供应国内市场。规模越大的企业越有可能参与到出口市场中来。在企业进入出口市场后，生产率高和规模大的企业也将获得高水平的最优出口供应量。同时，在出口过程中企业也会从出口市场中不断积累学习经验，进一步提高其最优出口供应量。企业生产率、企业规模和产业维度的技术溢出在自我选择和出口学习中都发挥了重要的作用。

本部分的研究结果表明，企业生产率是决定企业是否进入出口市场的关键，也是决定出口企业国际竞争成败的关键。[①] 政府应鼓励企业提高生产率，优化产品结构，注重产品质量。与此同时，政府需要重新考虑对出口企业的补贴方式，调整出口导向型战略，通过市场的自我选择机制，让生产率较低的企业逐步退出出口市场，避免因出口补贴导致的市场扭曲和社会福利的损失。政府也应加大科研投入，帮助企业提高生产率，并加强出口服务的基础设施建设，降低出口沉没成本，鼓励更多优质企业参与到出口市场中来。本部分也发现，出口贸易有利于生产率高的企业增加产量，获取更高的市场份额。因而，政府应鼓励具有生产率优势的企业积极“走出去”，并为它们创造环境和条件。

---

① 对本部分结果的理解需要结合本研究所涉及的样本，即浙江省的出口情况。与内陆省份比较，浙江省的企业可能比较早地接触到国外的市场和技术，一些企业已经处于同行业国际领先水平，因此自我选择的效果比较明显。同时，这种自我选择的机制将有利于企业竞争力的提升，并不需要太多的政策干预。内陆省份的很多企业可能都还没有达到出口的门槛条件，一定的政策扶持还是需要的。本研究给我们的启示是，有选择地扶持有潜力的企业而不是一般性的和普通的企业，因为不具备竞争力的企业在国际市场上也一定会被淘汰。这就决定了出口扶持政策方式的选择，不能是一般性的出口退税。

参考文献

Aitken B，Hanson G，Harrison A. “Spillovers，Foreign Investment，and Export Behaviour”. *Journal of International Economics*，1997，43（1－2）：103－132.

Alvarez R，López R A. “Exporting and Performance：Evidence from Chilean Plants”. *The Canadian Journal of Economics*，2004，38（4）：1384－1400.

Arnold J M，Hussinger K. “Export Behavior and Firm Productivity in German Manufacturing：A firm-level analysis”. *Review of World Economics*，2005，141（2）：219－243.

Aw B Y，Chung S，Roberts M J. “Productivity and Turnover in the Export Market：Micro-level Evidence from the Republic of Korea and Taiwan（China）”. *World Bank Economic Review*，2000，14（1）：65－90.

Baldwin R E. “Heterogeneous Firms and Trade：Testable and Untestable Properties of the Melitz Model”. NBER Working Paper No. 11471，2005.

Bernard A，Jensen J B. “Exporters，Jobs and Wages in U. S. Manufacturing，1976－1987”. Brookings Papers on Economic Activity，Microeconomics，1995：67－119.

Bernard A，Jensen J B. “Exporting and Productivity：Important of Reallocation”. NBER Working Paper No. 7135，1999a.

Bernard A，Jensen J B. “Exceptional Exporter Performance：Cause，Effect，or Both?”. *Journal of International Economics*，1999b（47）：1－25.

Bernard A，Jensen J B. “Entry，Expansion，and Intensity in the US Export Boom，1987－1992”. *Review of International Economics*，2004a，12（4）：662－675.

Bernard A，Jensen J B. “Why Some Firms Export”. *The Review of Economics and Statistics*，2004b，86（2）：561－569.

Bernard A，Jensen J B. “Exporting and Productivity in the USA”. *Oxford Review of Economic Policy*，2004c，20（3）：343－357.

Bernard A，Wagner J. “Export entry and exit by German firms”. *Review of World Economics*，2001，137（1）：105－123.

Bernard A B，Eaton J，Jensen J B，Kortum S. “Plants and Productivity in International Trade” . *The American Economic Review*，2003（93）：1268－1290.

Bigsten A，Collier P，Dercon S. “Exports and Firm-Level Efficiency in African Manufacturing” . Ecole des Hautes Etudes Commerciales de Montreal Papers 2000－04，2000.

Blalock G，Gertler P. “Learning from Exporting Revisited in a Less Developed Setting” . *Journal of Development Economics*，2004，75（2）：397－416.

Butler J S，Moffitt R. “A Computationally Efficient Quadrature Procedure for the One-factor Multinomial Probit Model” . *Econometrica*，1982（50）：761－764.

Campa J M. “Exchange Rates and Trade：How Important is Hysteresis in Trade?” . *European Economic Review*，2004（48）：527－548.

Castellani D. “Export behavior and productivity growth：Evidence from Italian manufacturing firms” . *Review of World Economics*，2002，138（4）：605－628.

Clerides S K，Lach S，Tybout J R. “Is Learning by Exporting Important? Micro-dynamic Evidence from Colombia，Mexico，and Morocco” . *Quarterly Journal of Economics* CXIII，1998：903－947.

Cole M A，Elliott R J R，Virakul S. “Firm Heterogeneity，Origin of Ownership and Export Participation” . *The World Economy*，2010，33（2）：264－291.

Crespi G，Criscuolo C，Haskel J. “Information Technology，Organizational Change and Productivity Growth：Evidence from UK Firms” . Department of Economics Working Papers 558，Queen Mary，University of London，2006.

Falvey R，Greenaway D，Yu Z. “Intra-industry Trade between Asymmetric Countries with Heterogeneous Firms” . GEP Research Paper 04/05，2004.

Girma S，Greenaway D，Kneller R. “Export Market Exit and Performance Dynamics：A Causality Analysis of Matched Firms” . *Economics Letters*，2003，80（2）：181－187.

Greenaway D，Kneller R. “Exporting and Productivity in the UK”. *Oxford Review of Economic Policy*，2004（20）：358－371.

Greenaway D，Kneller R. “Firm Heterogeneity，Exporting and Foreign Direct Investment” . *The Economic Journal*，2007，117（517）：134－161.

Heckman J. “Heterogeneity and State Dependence” . In：Rosen，S.（Ed.），Studies in Labor Markets，Chicago：University of Chicago Press，1981.

Hopenhayn H. “Entry，Exit，and Firm Dynamics in Long Run Equilibrium” . Econometrica，1992 (60)：1127 - 1150.

Jensen J B，Musick N. “Trade，Technology，and Plant Performance”. Industrial Organization 9603004，EconWPA，1996.

Johanson S. “Market Experiences and Export Decisions in Heterogeneous Firms” . Centre of Excellence for Science and Innovation Studies (CESIS) Working Paper No. 196，2009.

Kimura F，Kiyota K. “Exports，FDI，and Productivity：Dynamic Evidence from Japanese Firms” . *Review of World Economics*，2006，142 (4)：695 - 719.

Krugman P R. “Scale Economies，Product Differentiation，and the Pattern of Trade” . *The American Economic Review*，1980 (70)：950 - 959.

Lawless M. “Geography and Firm Exports：New Evidence on the Nature of Sunk Costs” . *Review of World Economics*，September，2010.

Levinsohn J，Petrin A. “Estimating Production Functions Using Inputs to Control for Unobservables” . *Review of Economic Studies*，2003 (70)：317 - 342.

Melitz M J. “The Impact of Trade on Intra-Industry Reallocations and Aggregate Industry Productivity” . *Econometric* ，2003 (71)：1695 - 1725.

Mengistae T，Pattillo C. “Export Orientation and Productivity in Sub-Saharan Africa” . IMF Staff Papers，*Palgrave Macmillan Journal*，2004，51 (2)：6.

Rivers D A. “Are Exporters More Productive than Non - Exporters?” . Department of Economics，University of Wisconsin-Madison，November，2009.

Roberts M J，Tybout J R. “The Decision to Export in Colombia：An Empirical Model of Entry with Sunk Costs” . *The American Economic Review*，1997，87 (4)：545 - 564.

Tucci A. “Trade，Foreign Networks and Performance：A Firm-Level Analysis for India” . Centro Studi Luca d'Agliano Development Studies Working Paper No. 199，2005.

Van Biesebroeck J. “Exporting Raises Productivity in Sub-Saharan African Manufacturing Firms” . *Journal of International Economics* ，2005，67 (2)：373 - 391.

Yeaple S R. “A Simple Model of Firm Heterogeneity，International Trade，and Wages” . *Journal of International Economics* ，2005 (65)：1 - 20.

易靖韬．企业异质性、市场进入成本、技术溢出效应与出口参与决定．经济研究，2009 (9)．

张杰，李勇，刘志彪．出口与中国本土企业生产率：基于江苏制造业企业的实证分析．管理世界，2008（11）．

张杰，李勇，刘志彪．出口促进中国企业生产率提高吗？来自中国本土制造业企业的经验证据：1999—2003. 管理世界，2009（12）．

第4章

企业异质性与国际贸易：自选择效应、出口学习效应与生产率动态演进

4.1 引言

企业的生产率关系到企业自身的可持续发展能力，也决定着一个经济体的可持续增长能力。经验表明，出口和创新都是企业生产效率提高的重要促进因素，生产率的提高也会提高出口和创新的回报。这意味着企业积极参与到经济全球化中就有可能促进企业乃至经济可持续增长，国际贸易的发展因而能够增进世界范围的经济福利。因此，研究企业的出口、创新与生产率的联动关系是国际经济学和发展经济学所关注的重要课题。

Melitz (2003) 最早将企业生产率这一异质性纳入贸易模型来论证生产率对企业出口选择的影响。由于企业进入国际市场通常需要克服较高的进入门槛与市场壁垒，面临开拓市场的成本，于是生产率高的企业有能力进入国外市场，从而扩大其在行业中的市场份额，相对低效率的企业只能在国内销售或者退出市场，这称为出口的自选择效应（self-selection effects）。贸易开放通过企业出口行为的自选择效应促进整个产业生产效率的提高。Bernard，Eaton，Jenson 和 Kortum（2003）进一步放松 Melitz（2003）的假设条件，以 Bertrand 竞争为基础，引入不完全竞争、要素禀赋等因素来构建模型并得到类似结论。此外，有大量研究论证出口对于未来生产率提高的影响，出口型企业在国际市场上面临更为激烈的竞争，同时也能更加便捷地获取技术信息并进行吸收与模仿，从而通过出口的学习提升自身的生产率水平（Clerides，Lach and Tybout，1998；Yang and Mallick，2010），这称为出口学习效应（learning-by-exporting）。

就出口与生产率的互动关系，有学者提出出口与生产率也存在一个谬误关系的可能，实际上是企业有这么一项投资或者决策能够使得企业生产率和出口倾向都同步提高。Costantini 和 Melitz（2007）认为企业出于对贸易自由化的预期会在出口实际发生前就主动进行创新。Criscuolo，Haskel 和 Slaughter（2010）研究发现全球经营的企业的创新支出和回报都比国内企业高，并且它们会投入更多的资源来吸收外来的知识以取得更多的创新并提升生产率。Cassiman 和 Golovko（2011）认为企业的创新行为对于出口与生产率的提高起到了重要的调节作用。企业的创新会直接提高出口倾向，同时企业的创新通过提高生产率也会提高出口倾向，他们的研究在控制了创新这一要素之后，企业的出口与生产率的关系并不显著。Aw，Roberts 和 Xu（2011）从需求弹性、成本异质等角度证实了创新与出口对于未来生产率的提升作用，以及从投资回报的角度证实了生产者对于创新和出口的自选择效应。这些研究都表明创新和出口的决定不是相互独立的，两者都可以内生地影响企业未来的生产率。

相对于国外的研究而言，国内关于出口、创新和生产率三者联动关系动态模型的研究则相对较少。易靖韬（2008）、邱斌等（2012）用中国数据证实了自选择假说的成立；张杰等（2009）、易靖韬和傅佳莎（2011）等证实中国制造业企业的出口存在显著的出口学习效应。将创新、出口和生产率三者结合在一个模型中的研究较为分散且研究的侧重点各不相同。戴觅和余淼杰（2011）认为企业出口之前的研发投入可以通过增加企业的吸收能力来提高出口的生产率效应。赵伟等（2012）研究多维度异质性特征（生产率、所有权结构及企业规模等）和出口等对中国企业技术创新的影响。千慧雄（2014）研究了包括出口在内的多维度因素对于企业的创新结构的影响，阐述了出口对于创新结构的作用机制，结论表明出口在现阶段促进了工艺创新和技术引进。然而，上述研究并没有从理论上分析出口和创新对于生产率提升的动态作用机制以及生产率的自选择行为的发生路径。

在本部分中，我们构建和估计了出口和创新投入联合决策的动态结构模型，使用 2005—2007 年中国制造业中电子通信行业的企业数据对模型进行估计。这个模型可以量化出口决定、创新投入和生产率增长之间的联系的作用机制：首先，生产率是内生的，出口与创新的决策会促进生产率的提高；其次，企业的生产率、资本存量、劳动力投入和出口市场冲击是影响企业自选择行为的异质性因素；再次，投资决策的回报随着企业生产率的提高而提高，因此生产率高的企业会选择做出该投资决策以获得更大利润；最后，模型解释了企业进行出口和创新决策对生产率影响的联动效应。一方面创新投资可以通过对未来生产率的影响，来提高出口决策的回报（比如出口市场的收入）；另一方面加入到出口市场会通过生产率的提升来提高创新投资的回报（比如新产品收入）。

本部分的研究对于异质企业出口、创新与企业生产率的动态联动机制提供了有力的理论和实证支持。与现有文献相比，本部分的学术贡献主要体现在以下三个方面：第一，本部分在扩展现有的国际贸易理论的基础上构建动态结构模型，在一个整体性的分析框架中检验自选择效应和出口学习效应，并探讨了贸易开放条件下企业生产率的动态演进机制，对现有的国际贸易研究做了有益的补充。第二，本部分在中国情境中将劳动力投入要素引入到边际成本方程中，拓展现有的基于发达经济体的垄断竞争模型只考虑资本投入要素的局限，使得主流的异质企业贸易模型能够较好地拟合我国的要素禀赋状况，增加了中国经验对国际贸易研究的边际贡献。第三，与以往很多直接测算生产率的研究不同，本部分充分利用了企业的收入、成本函数、需求冲击、需求弹性等信息并结合投入要素的非线性的动态函数形式来测算生产率，较好地拟合实际观测到的数据，拓展和丰富了现有文献关于生产率的测算方法。本部分的研究结论说明企业将出口与创新决策相结合将使企业在贸易开放中获得生产率的动态提升，从而促进整个经济体生产率水平的提高，我们的研究为我国政府和企业在提高生产率和出口竞争力方面提供一定的理论指导和政策参考。本部分接下来的内容安排如下：4.2 节构建关于企业出口决策、创新投入决策和生产率演进的理论和计量模型；4.3 节对样本数据进行描述性统计分析；4.4 节分析实证结果；4.5 节总结研究发现并讨论政策含义。

4.2 模型构建

我们基于 Das，Roberts 和 Tybout（2007）的出口动态模型，Costantini 和 Melitz（2008）的出口与投资模型以及 Aw，Roberts 和 Xu（2011）的生产率动态演进模型来构建企业出口决策、创新投入和生产率演进的理论模型。[①]

4.2.1 出口与创新的结构模型

1. 静态决策模型

本部分的模型以垄断竞争模型为基础。假定存在相分隔的两个市场[②]（即国内市场和出口市场），模型中的企业只生产单一产品，同时在两个市场销售。

假定企业 i 在国内市场和出口市场面临的需求曲线为 Dixit-

① 本部分借鉴 Aw，Roberts 和 Xu（2011）的思路不考虑企业的进入与退出，重点分析企业的投资决策与生产率演进的互动关系。

② 市场的分隔让企业可以在不同市场进行不同的加成定价，同时排除了企业之间产品的战略性交换的可能。

Stiglitz 形式。在国内市场所面临的需求曲线是：

$$q_{it}^{D}=\frac{s_{t}^{D}}{p_{t}^{D}}(\frac{p_{it}^{D}}{p_{t}^{D}})\theta_{D}=\forall_{t}^{D}(p_{it}^{D})\theta_{D} \tag{4-1}$$

式中，p_t^D 为价格指数；s_t^D 为国内市场总体规模；$\frac{s_t^D}{p_t^D}$为国内市场行业总需求；θ_D 为国内市场的需求弹性；$\forall_t^D$为行业总需求指数（industry aggregates）。因而，企业的需求由行业总需求指数$\forall_t^D$，企业自身价格 p_{it}^D和产品需求弹性θ_D 决定。出口市场的需求曲线的结构与国内市场的相似，但考虑到企业会面临外部需求冲击 δ_{it}，因而企业 i 在出口市场所面临的需求曲线定义如下：

$$q_{it}^{E}=\frac{s_{t}^{E}}{p_{t}^{E}}(\frac{p_{it}^{E}}{p_{t}^{E}})\theta_{E}\exp(\delta_{it})=\forall_{t}^{E}(p_{it}^{E})\theta_{E}\exp(\delta_{it}) \tag{4-2}$$

式中，p_t^E 为产品的出口价格；s_t^E 为出口市场总体规模；$\frac{s_t^E}{p_t^E}$为出口市场行业总需求；θ_E 为出口市场的需求弹性；$\forall_t^E$为出口市场行业总需求指数；δ_{it}为企业层面的出口市场需求冲击。我们将企业层面的来自外部市场的波动信息加入模型，这会使得任何一家企业在国内市场和出口市场的相对需求随企业和时间两个维度的变化而变化。δ_{it}所包含的信息是企业在做出口决策以前可以观测到的，包括企业出口产品本身的特性、出口目的地国和长期对企业出口有影响的合同或信誉关系等信息（但不能在数据中观测到）。如果像δ_{it}这样的企业层面的异质性没有包含进模型，那么企业的国内收入就会和出口收入产生截面相关性。

假定企业生产产品的短期边际成本在两个市场中相同，且不随产量的变化而变化。企业 i 短期边际成本方程为：

$$\ln c_{it}=\alpha_{0}+\alpha_{K}\ln k_{it}+\alpha_{L}\ln l_{it}-\omega_{it} \tag{4-3}$$

式中，c_{it}为边际成本；k_{it}为企业的资本存量；l_{it}为劳动力投入；ω_{it}为企业的生产率①；α_0 中包含的信息可能包括对于所有企业都相同的信息；α_K 为资本的边际弹性；α_L 为劳动的边际弹性。式（4－3）表明企业的短期成本异质性来源包括数据中可观测到的资本存量、劳

① 生产率也可以包括产品的特点，如产品质量、产品外观等这些会影响产品的需求的因素。我们在实证模型中拓展影响成本的其他的企业层面的变量；在理论模型中，我们只考虑企业的资本存量和生产率这两个异质性的主要来源。

动力投入和数据中不可观测但企业实际中可观测的生产率。我们假定边际成本不随产出水平的变化而变化，这意味着一个市场的需求冲击不影响另一个市场的产出决定，这使得我们能够对两个市场的收入和利润分别进行测算。

基于对需求方程和边际成本方程的假定，企业 i 在每个市场选择价格来实现国内市场和出口市场的利润总和最大化。垄断竞争条件下，根据国内市场价格 p_{it}^D 的利润最大化一阶条件（即边际收益等于边际成本）①，国内市场的收入 y_{it}^D 可以表示为：

$$\ln y_{it}^D = (1+\theta_D)(\alpha_0+\alpha_k \ln k_{it}+\alpha_1 \ln l_{it}-\omega_{it}) + \ln \forall_t^D + (1+\theta_D)\ln\left\{\frac{\theta_D}{1+\theta_D}\right\} \quad (4-4)$$

出口市场的收入 y_{it}^E 可以表示为：

$$\ln y_{it}^E = (1+\theta_E)(\alpha_0+\alpha_k \ln k_{it}+\alpha_1 \ln l_{it}-\omega_{it}) + \ln \forall_t^E + (1+\theta_E)\ln\left\{\frac{\theta_E}{1+\theta_E}\right\}+\delta_{it} \quad (4-5)$$

由式（4-4）、式（4-5）可知，企业的国内市场收入由国内市场总需求情况、企业的生产率和资本存量决定；出口市场收入由出口市场总需求情况、企业的生产率、资本存量、劳动力投入和需求冲击决定。基于以上两个公式，我们可以在实证分析中通过对收入方程进行计量估计来测算无法直接测量的异质性——生产率（ω_{it}）和需求冲击（δ_{it}）。基于以上对成本、生产率和收入的假定，可以将国内市场的短期利润表示为②：

$$u_{it}^D = -\left(\frac{1}{\theta_D}\right) y_{it}^D(\forall_t^D,\ \omega_{it},\ k_{it},\ l_{it}) \quad (4-6)$$

---

① 垄断竞争市场中企业的利润最大化一阶条件可以表示为：$c=\left\{1+\frac{1}{\theta}\right\}p$。式中，$p$ 为产品价格；θ 为需求价格弹性（一般为负）；c 为边际成本。垄断企业总是在需求曲线具有弹性处生产，因此垄断企业的需求弹性为 $|\theta|>1$ 的负数。

② 垄断竞争利润最大化一阶条件为：$c=\left\{1+\frac{1}{\theta}\right\}p$。由于本模型假定边际成本恒定不变，则边际成本代表单个产品成本，且 $y=p\times q(p)$。则有：$u=q(p)\times(p-c)=\frac{y}{p}\times p\left(1-1-\frac{1}{\theta}\right)=-\frac{1}{\theta}\times y$，可得式（4-6）和式（4-7）。

出口市场的短期利润表示为：

$$u_{it}^{E}=-(\frac{1}{\theta_{E}})y_{it}^{E}(\forall_{t}^{E},\omega_{it},k_{it},l_{it},\delta_{it}) \tag{4-7}$$

由式（4－6）、式（4－7）可知，我们可以通过数据中的收入来测算企业的利润，短期利润是企业做出口和创新的动态决策的重要影响因素。

2. 动态决策模型

短期利润是企业做出决策的重要影响因素，企业的决策受所进入的市场和所面临的沉没成本及固定成本影响，这意味着过去的出口和创新状态、市场需求状况对于企业的动态决策来说是个状态变量。借鉴 Aw 等（2011），我们假定企业所做决策是相继进行的：企业首先观测到出口的沉没成本和固定成本，随即做出 t 时期的出口决策；之后，企业才能观测到创新的沉没成本和固定成本，紧接着做出 t 时期的创新决策。

因为决策的动态变化会导致生产率的变化，所以我们假定生产率是内生的，随时间的动态演进符合马尔科夫过程（Markov process），由此我们得到生产率动态研究的基本模型：

$$\begin{aligned}\omega_{it}=&\gamma_{0}\gamma_{1}\omega_{it-1}+\gamma_{2}(\omega_{it-1})^{2}+\gamma_{3}(\omega_{it-1})^{3}+\gamma_{4}\gamma_{it-1}\\&+\gamma_{5}e_{it-1}+\gamma_{6}\gamma_{it-1}e_{it-1}+\varepsilon_{it}\end{aligned} \tag{4-8}$$

式中，γ_{it-1} 为 $t-1$ 时期企业的创新投入决定；e_{it-1} 为 $t-1$ 时期企业的出口决定；ε_{it} 满足 i. i. d$(0,\theta_{t}^{2})$ 的分布，包含生产率演进的随机特征，即当期的生产率冲击会影响未来的生产率的变化。根据 Aw，Roberts 和 Winston（2007）的研究，出口决策或创新决策对于生产率的演进的影响比出口收入或创新收入的影响更为显著，同样，生产率对于出口决策或创新决策的影响比对于出口收入或创新收入的影响更为显著。因此，我们模拟生产率的演进会受到决策变量（离散）的影响而不是收入变量（连续）的影响，与目前大部分关于生产率演进的研究是一致的。

基于以上跨期假定，得到 t 年企业 i 的状态变量为 $x_{it}=(\omega_{it},\delta_{it},k_{it},l_{it},\forall_{t},e_{it-1},\gamma_{it-1})$。企业的动态决策是基于其预期未来企业价值最大化而进行的。预期未来企业价值条件依赖于企业对于出口和创新的不同决策：

$$E_t\Pi_{it+1}(x_{it+1} \mid e_{it}, \gamma_{it}) = \int_{\forall'}\int_{\delta'}\int_{\omega}$$
$$\Pi_{it+1}(x')dF(\omega' \mid \omega_{it}, e_{it}, \gamma_{it})dF(\delta' \mid \delta_{it})dU(\forall' \mid \forall_t) \quad (4-9)$$

式中，$dF(\omega' \mid \omega_{it}, e_{it}, \gamma_{it})$ 为生产率的动态变化，条件依赖于 e_{it}，γ_{it}。具体可以将企业价值的方程表示为：

$$\Pi_{it}(x_{it}) = \int(u_{it}^D + \max\{u_{it}^E - e_{it-1}f_{it}^E -$$
$$(1+e_{it-1})s_{it}^E + \Pi_{it}^E(x_{it}), \Pi_{it}^D(x_{it})\})dU^t \quad (4-10)$$

式中，u_{it}^E 为企业出口市场利润；u_{it}^D 为企业国内市场利润；f_{it}^E 为企业 i 所面临的出口固定成本①；s_{it}^E 为企业 i 所面临的出口沉没成本②。我们假设出口和创新的固定成本和沉没成本服从一个已知的联合分布 U^t。Π_{it}^E 是出口企业做出最优创新决策的企业价值，Π_{it}^D 则是非出口企业做出最优创新决策后的企业价值。对于所有企业而言，企业未来的价值等于国内市场利润与出口企业出口市场利润减去出口成本的期望值再加上出口企业做出最优创新决策之后的企业价值同非出口做出最优创新决策后相比较两者的最大值之和。Π_{it}^E 和 Π_{it}^D 具体可以表示为：

$$\Pi_{it}^E(x_{it}) = \int\max\{\rho E_t\Pi_{it+1}(x_{it+1} \mid e_{it} = 1, \gamma_{it} = 1)$$
$$-\gamma_{it-1}f_{it}^R - (1-\gamma_{it-1})s_{it}^R$$
$$\delta E_t\Pi_{it+1}(x_{it+1} \mid e_{it} = 1, \gamma_{it} = 0)\}dU^t \quad (4-11)$$
$$\Pi_{it}^D(x_{it}) = \int\max\{\rho E_t\Pi_{it+1}(x_{it+1} \mid e_{it} = 0, \gamma_{it} = 1)$$
$$-\gamma_{it-1}f_{it}^R - (1-\gamma_{it-1})s_{it}^R$$
$$\delta E_t\Pi_{it+1}(x_{it+1} \mid e_{it} = 0, \gamma_{it} = 0)\}dU^t \quad (4-12)$$

式中，ρ 为折现因子；f_{it}^R 为企业 i 所面临的创新固定成本；s_{it}^R 为企业 i 所面临的创新沉没成本。在本模型中，生产率是内生的，即企业当下的选择会导致未来生产率的提高。由式（4－10）、式（4－11）、式（4－12）可知，企业选择出与否或创新与否将影响其生产率对企业价值影响的演进路径。出口或创新对未来生产率影响越大，出口或投入创新的预期报酬与不出口或不投入创新的预期报酬差距就越

① 即在 $t-1$ 时期已经出口，则企业在 t 时期出口所需付出的成本是 f_{it}^E。

② 即若企业在 $t-1$ 时期没有出口，其在 t 时期出口所需付出的成本是 s_{it}^E。

大。在这个框架下，因为垄断企业的需求弹性为 $|\theta|>1$ 的负数，由式（4－6）和式（4－7）可知，出口和创新投入的净收益是随着生产率的提高而提高的，这加强了自选择效应——高生产率的企业会更倾向于开始或者维持出口和创新投资，以获得更高回报。

总的说来，企业在过去的出口和创新的经验、资本存量、劳动力投入、生产率、出口需求都是不同的，这些因素决定了国内市场和出口市场的短期利润。企业可以通过选择出口和创新投资来影响未来的生产率，从而影响利润。此外，还必须考虑出口和创新的固定成本和沉没成本对利润的影响，所有这些因素决定了企业做出是否进入出口市场和进行创新投资的最优选择。接下来，我们通过构建计量模型来估计利润方程和生产率演进方程的结构参数。

4.2.2　计量模型

根据理论模型我们可以通过企业层面数据来估计得到结构参数。模型涉及的参数包括市场需求弹性 θ_E 和 θ_D；行业总需求参数 $\forall_E$ 和 $\forall_D$；边际成本参数 θ_0，α_k 和 α_l；生产率演进方程 $g(\omega_{it-1}, \gamma_{it-1}, e_{it-1})$ 和随机残差的方差 θ_t^2。

1. 需求弹性测算

企业的需求弹性是本模型中一个重要结构参数。因为每个企业的边际成本恒定且国内外市场相等，那么总可变成本（tvc）就是每个市场中的产出与边际成本的乘积。[①] 结合垄断竞争企业利润最大化一阶条件，可得总可变成本是每个市场中以弹性为权重的总收入之和[②]：

$$tvc_{it}=(q_{it}^D+q_{it}^E)c_{it}=y_{it}^D(\frac{1}{\theta_D}+1)+y_{it}^E(\frac{1}{\theta_E}+1)+\varepsilon_{it} \quad (4-13)$$

式（4－13）提供了两个市场需求弹性的估计，我们将采用最小二乘估计（OLS）来获得。

---

① 由于中国工业企业数据库没有可以直接衡量可变成本的指标，因此本部分用企业的总生产成本代表总可变成本。

② 垄断竞争利润最大化一阶条件为：$c=(1+\frac{1}{\theta})p$，且 $q=\frac{y}{p}$，$tvc=q\times c$，那么，$tvc=y\times(1+\frac{1}{\theta})$。

2. 生产率测算

我们将满足独立同分布（i. i. d）条件的 μ_{it} 置于式（4－4）后，可得如下估计方程：

$$\ln y_{it}^{D}=(1+\theta_D)\ln(\frac{\theta_D}{1+\theta_D})+\ln \forall_t^D+$$
$$(1+\theta_D)(\alpha_0+\alpha_k \ln k_{it}+\alpha_1 \ln l_{it}-\omega_{it})+\mu_{it} \quad (4-14)$$

式中，μ_{it} 可以反映收入的误差或者企业做出最优价格选择时的误差。此模型中的组合误差项（$(1+\theta_D)(-\omega_{it})+\mu_{it}$）包括企业的生产率，因此我们可以利用与生产率相关的可观测因素对生产率进行测算。

我们可以将生产率水平的方程写为依赖于资本存量、劳动力投入和可变投入的一个方程。在异质企业生产函数估计中，生产率和投入要素之间的相关性容易导致生产函数系数估计偏误。Levinsohn 和 Petrin（2003）（简称 LP）在 Olley 和 Pakes（1996）（简称 OP）的基础上提出利用中间品投入作为代理变量对生产率进行估计，以此解决传统 OLS 方法所带来的共时性偏误（simultaneity problem）和样本选择偏误（selection bias）。我们将 OP 与 LP 的方法相结合，利用资本存量、劳动力投入和中间品投入来近似测量式（4－14）的生产率，可以表示为 $\omega_{it}(k_{it}, l_{it}, j_{it})$。我们可以整理式（4－14），将需求弹性整理为截距项。假定行业加总的静态变量 $\forall_t^D$ 和 $\ln \forall_t^X$ 是外生的，满足一阶马尔科夫过程，用时间虚拟变量 X_t 来控制因时间变动的行业总需求冲击和市场水平的要素价格。因此，式（4－14）改写为：

$$\ln y_{it}^{D}=\beta_0+\sum_{t=1}^{T}\beta_t X_t+(1+\theta_D)(\alpha_k \ln k_{it}+\alpha_1 \ln l_{it}-\omega_{it})$$
$$+\mu_{it}=\beta_0+\sum_{t=1}^{T}\beta_t X_t+(1+\theta_D)$$
$$(\alpha_k \ln k_{it}+\alpha_l \ln l_{it}-\omega_{it}(k_{it}, l_{it}, j_{it}))+v_{it}$$
$$=\beta_0+\sum_{t=1}^{T}\beta_t X_t+f(k_{it}, l_{it}, j_{it})+v_{it} \quad (4-15)$$

式中，$f(k_{it}, l_{it}, j_{it})$ 包含了资本存量、劳动力投入和生产率对国内利润的联合影响。通过 OLS 估计式（4－15）可以得到的方程的误差项为 f（·）的拟合值 $\widehat{p_{it}}$。在估计中可得，$\widehat{p_{it}}=\ln y_{it}^{D}-\beta_0\sum_{t=1}^{T}\beta_t X_t=(1+\theta_D)(\alpha_k \ln k_{it}+\alpha_l \ln l_{it}-\omega_{it})$。将 $\widehat{p_{it}}=(1+\theta_D)(\alpha_k \ln k_{it}+\alpha_l \ln l_{it}-$

ω_{it}）代入式（4-8），可得

$$\widehat{p_{it}} = (\alpha_k^* \ln k_{it} + \alpha_l^* \ln l_{it}) - \gamma_0^* + \gamma_1 (\widehat{p_{it-1}} - \alpha_k^* \ln k_{it-1} - \alpha_L^* \ln l_{it-1}) - \gamma_2^* (\widehat{p_{it-1}} - \alpha_k^* \ln k_{it-1} - \alpha_1^* \ln l_{it-1})^2 + \gamma_3^* (\widehat{p_{it-1}} - \alpha_k^* \ln k_{it-1} - \alpha_1^* \ln l_{it-1})^3 - \gamma_4^* \gamma_{it-1} - \gamma_5^* e_{it-1} - \gamma_6^* \eta_{it-1} e_{it-1} - \varepsilon_{it}^* \tag{4-16}$$

式中，带星标的表示原来的系数乘以（$1+\theta_D$）。我们将采用非线性最小二乘估计方法（nonlinear least square）对式（4-16）进行估计，结果如表 4-5 所示。因此，给定了参数$\widehat{\alpha_k}$，$\widehat{\alpha_1}$和$\widehat{\theta_D}$，我们可以建立每个观察值的生产率估计量：

$$\widehat{\omega_{it}} = -\left(\frac{1}{\theta_D + 1}\right) \widehat{p_{it}} + \widehat{\alpha_k} \ln k_{it} + \widehat{\alpha_l} \ln l_{it} \tag{4-17}$$

目前，国内学者在采用 OP 或 LP 方法估计生产率时，大都直接采用两种方法的估计程序。我们参考 Aw，Roberts 和 Xu（2008）和 Aw 等（2011）构建的模型来构造生产率估计量，可以更好地将异质性因素（包括收入、资本、劳动、市场冲击、出口和创新状态等）包含进生产率估计中。因此，我们的模型拓展了现有生产率的测算方法，丰富了影响生产率测算的异质性因素的研究。

3. 策略估计

我们利用式（4-17）求出的生产率序列来构建出口和投资决策的策略估计。策略估计是基于对可观测的出口、出口收入、创新投资和生产率的似然函数进行的：

$$p(e_i, \gamma_i \mid \omega_i, k_i, l_i, y_i^E) = P(e_i, \gamma \mid \omega_i, k_i, l_i, \delta_i^+) h(\delta_i^+) \tag{4-18}$$

我们因此可以获得出口与创新离散选择的联合概率，它条件依赖于生产率、资本存量、出口市场冲击 δ_f^+ 及其边际分布 $h(\delta_f^+)$，其中 δ_i^+ 是在 $1\sim T$ 的时间内的出口市场冲击。在 $h(\delta_i^+)$ 给定的情况下，出口市场冲击可以通过似然函数估计获得（Das et al.，2007）。本模型不仅展示了条件概率的分布，即决策行为条件依赖于成本函数和企业价值的方程，而且总结了各种行为决策的回报。结合式（4-11）、式（4-12），出口选择的条件概率可以表示为：

$$P(e_{it} = 1 \mid x_{it}) = P(e_{it-1} f_{it}^E + (1 - e_{it-1}) s_{it}^E \leqslant u_{it}^E + \Pi_{it}^E(x_{it}) - \Pi_{it}^D(x_{it})) \tag{4-19}$$

企业是相继做出的出口与创新投资决策，结合式（4－11），创新决策的条件概率可以表示为：

$$
\begin{aligned}
P(\gamma_{it}=1 \mid x_{it}) = P\{&\gamma_{it-1} f_{it}^{R} + (1-\gamma_{it-1}) s_{it}^{R} \\
&\leqslant \rho E_t \Pi_{it+1}(x_{it+1} \mid e_{it}, \gamma_{it}=1) \\
&- \rho E_t \Pi_{it+1}(x_{it+1} \mid e_{it}, \gamma_{it}=0)\}
\end{aligned}
\qquad (4-20)
$$

值得注意的是，R&D决策的状态变量与出口的状态变量存在不同，模型假设出口和创新决策的发生是相继的，因此 t 时期选择创新决策时出口的状态是已知的。

双变量 Probit 模型（Bivariate probit，简称 biprobit）有效地解决了离散选择的非线性概率模型估计问题（Poirier，1980；Blundell and Smith，1994）。同时 biprobit 估计中两个 Probit 估计的误差项具有相关性，我们可以在误差项中得到模型中被共同忽略的外部冲击的信息。因此，我们采用 biprobit 方法来估计企业决策的概率选择获得估计结果。通过这样的估计，我们不仅可以检验自选择效应，而且可以检验出口市场冲击。结果如表 4－6 所示。

4. 投资回报估计

式（4－10）～式（4－12）展示的是企业做出投资决策的依据，即企业的动态决策是基于企业预期未来价值最大化而进行的。在实证模型中，我们可以测算出口和创新的回报，以验证企业做出决策的根据。为了测算生产率和资本存量异质性对于出口决定的回报（即出口市场收入）的影响，我们采用了普通的 OLS 估计和固定效应估计两种方法对式（4－5）进行估计。固定效应估计是将出口市场冲击视为不随时间变化的波动。从估计结果中我们得到此前计算的共同市场冲击占总误差项的比例，以此来验证市场冲击的存在。我们利用同样的方法对创新投入的回报进行估算，采用 OLS 对以新产品收入为因变量进行回归，并采用 tobit 对以新产品收入占总收入的比重为因变量进行回归作为稳健性检验。投资回报估计结果见表4－7。

对于出口、创新和生产率的关系，我们的模型可以归纳为四个作用机制：第一，企业所面临的 k，l，ω 或 δ 状态使得它们自选择开始一项投资活动；第二，对于任何一项活动的投资都会导致生产率的提升；第三，生产率会正向影响两项活动投资的回报，这加强了企业的自选择行为；第四，企业的投资决策是相互影响且互为条件的，由于一种投资的回报会受另一种投资状态的影响，企业做出一项决策时会考虑到企业另一项决策的状态。

4.3　数据与变量

4.3.1　样本数据

本部分采用的数据来自国家统计局的“中国工业企业数据库”中的电子通信业（行业代码为 40，包括通信设备、计算机及其他电子设备制造业）。根据《中国工业统计年鉴》数据可知，电子通信行业的工业总产值和出口交货值均为制造业中最高的，电子通信行业列为高新技术行业，能够较好地反映企业层面的出口和创新的动态活动。因此，我们以 2005—2007 年电子通信行业作为研究样本对我们研究出口与创新的交互影响和动态行为在我国制造业中具有较好的代表性。样本期间该行业的出口交货值、研发费用投入和新产品销售值均保持了较快的增长。①

本部分采用以下方法进行样本筛选：（1）剔除关键变量（如出口交货值、新产品产值、工业增加值、研发费用、工业中间投入等）存在负值或存在遗漏的企业；（2）剔除从业人数小于 10 人的企业；（3）剔除不符合一般会计准则的企业（包括利润率大于 1 、出口交货值与销售收入之比大于 1、增加值与总产值之比大于 1 的企业等）。因我们的模型设定不考虑企业的进入和退出，为使得测算结果更准确，将数据整理为平衡面板数据，最终得到 6 539 家企业，共 19 617 个观察值。

① 除 2008—2009 年金融危机导致出口交货值和工业总产值都有所倒退外，其余年份电子通信行业均保持 18%左右的较高增长率。为避免结构断裂问题以及保证研究期间外部环境的相对稳定性，我们选择 2005—2007 年的企业数据作为样本进行研究，也是为了保证研究所需要的变量具有较多的观察值。

4.3.2 描述统计

表 4－1 展示了将企业按其对出口和创新的选择组合进行分类统计的情况。电子通信行业中出口企业所占比重平均来看超过 50%，参与创新的企业所占比重也超过了 20%。从时间变化趋势来看，企业选择同时创新与出口的比重逐年上升，都不创新与出口的企业所占比重在逐年下降。由此可见，创新与出口这两种决策对于企业的快速成长具有重要意义。

表 4－1　　企业类型统计（%）

年份	都不创新与出口	仅创新	仅出口	同时创新与出口
2005	36.41	11.27	40.80	11.52
2006	34.65	12.59	39.27	12.49
2007	33.23	13.30	38.51	14.96

表 4－2 展示了不同类型企业收入的统计情况，也反映了各类型企业的国内市场和出口市场的规模状况。第三列展示了占比约 47%的非出口企业的收入情况，收入平均值在 5 600 万～7 200 万元区间内。第四列和第五列展示了占比约 53%出口企业的收入情况，国内收入的平均值较非出口企业低，在 4 000 万～5 000 万元区间内，出口收入的平均值则是国内收入的两倍以上。我们计算发现，根据所有企业测算的出口收入和国内收入的相关系数是 0.161，根据出口企业测算的出口收入和国内收入的相关系数是 0.631，说明两个市场并不是完全相关的。这意味着同一个企业面临的国内市场和出口市场的需求状况及其影响因素是有差异的。在模型中采用企业的生产率和出口市场冲击这两个因素来反映这两个市场上收入决定的差异。

表 4－2　　国内收入与出口收入　　收入单位：千万元

年份	非出口企业		出口企业		
	数量占比	国内收入平均数	数量占比	国内收入平均数	出口收入平均数
2005	47.68%	5.65	52.32%	3.99	8.28
2006	47.24%	6.65	52.76%	4.57	9.58
2007	46.54%	7.23	53.46%	5.05	10.21

表 4-3 展示的是企业在出口和创新这两种行为选择的行为转化率。我们选择 2005 年为基期，观察 2006 年的行为转化率。在 2006 年，有 34.65%的企业都不参与创新与出口活动，有 13.49%的企业同时参与创新与出口，仅参与出口的企业的比例最高为 39.27%，仅参与创新的企业的比例为 12.59%。显然，企业对于参与出口或创新活动的行为具有差异，我们认为生产率和出口市场需求冲击都会影响每项活动的回报，企业根据利润最大化原则来选择参与到哪项活动中。

表 4-3　　企业行为转化率（%）

2005 年	2006 年			
	都不创新与出口	仅创新	仅出口	同时创新与出口
所有企业	34.65	12.59	39.27	13.49
都不创新与出口	79.97	10.12	9.16	0.76
仅创新	17.91	70.42	2.44	9.23
仅出口	7.98	0.79	81.67	9.56
同时创新与出口	2.26	5.58	20.32	71.85

从表 4-3 所呈现的转化率来看，企业的行为具有以下几个特点：第一，创新活动或出口活动具有很强的持续性或刚性，同一类型的企业持续选择同样行为的比例是最高的。比如，2005 年都不创新与出口的企业在 2006 年同样都不创新与出口的概率高达 79.97%，2005 年同时创新与出口的企业在 2006 年同样选择同时创新与出口的概率也高达 71.85%。另外，创新的持续性达到 70.42%，出口的持续性高达 81.67%。第二，已经选择创新活动的企业比两项活动都不参与的企业开展出口活动的可能性更大。比如，都不创新与出口的企业选择从事出口的可能性为 9.92%，已经创新的企业选择从事出口的可能性为 11.67%。第三，同时从事两项活动的企业比仅参与出口活动的企业放弃出口活动的可能性要低。比如，同时创新与出口的企业放弃出口的可能性为 7.84%，已经出口的企业放弃出口的可能性为 8.77%。这里反映出两个基本问题：其一，每项活动具有较高的沉没成本，行为具有很强的持续性或稳定性；其二，一项活动是条件依赖于另一项活动的，企业参与其中一项活动会强化其对另一项活动的参与。这就要求我们有必要将创新和出口决策结合起来

考虑，这也正是我们的模型所要解决的主要问题。

4.3.3 变量定义及描述统计

根据我们构建的结构模型并结合数据库数据，用于估计结构方程中的变量定义及其描述统计情况如表 4－4 所示。

表 4－4　　变量定义及描述统计

变量名称	符号	定义	均值	方差
出口决定	θ_{it}	参与出口市场取 1；否则为 0	0.528 5	0.499 2
创新参与	γ_{it}	有研发投入取 1；否则为 0	0.257 1	0.437 0
资本存量	k_{it}	固定资产的对数值	10.506 6	1.404 3
劳动力投入	l_{it}	工资的对数值	8.260 5	1.427 9
中间品投入	m_{it}	中间品投入的对数值	10.334 5	1.403 3
总可变成本	tvc_{it}	总生产成本的对数值	10.502 2	1.563 6
国内收入	y_{it}^{D}	国内销售收入的对数值	8.596 5	3.793 0
出口收入	y_{it}^{ε}	出口收入的对数值	5.323 1	5.263 1
新产品收入	n_{it}	新产品收入的对数值	1.781 7	3.879 0
新产品收入占比	sh_{it}	新产品收入占全年收入的百分比	0.091 3	0.247 5

4.4 实证结果

对式（4－13）利用 OLS 估计可以算出两个市场的需求弹性，求得国内市场需求弹性－5.690（显著性水平 1％），出口市场需求弹性为－18.559（显著性水平 1％）。由此计算出，国内市场边际成本加成率[①] 为 21.32％，出口市场的边际成本加成率为 5.70％。这充分反映了我国出口产品主要依靠低附加值的价格优势来开拓市场的显著特点。

① 由于垄断竞争市场中企业的利润最大化一阶条件可以表示为：$c=\left(1+\frac{1}{\theta}\right)p$，则有 $p=\left(1-\frac{1}{1+\theta}\right)c$。垄断企业总是在需求曲线具有弹性处生产，因此垄断企业的需求弹性为 $|\theta|>1$ 的负数。因此，企业的边际成本加成率可以表示为 $\left|\frac{1}{1+\theta}\right|$。

对于式（4－15）和式（4－16）的两步估计如表 4－5 所示。第一行为利用离散的出口和创新选择变量作为自变量估计得出的结果，第二行为利用连续变量作为自变量估计得出的结果。

表 4－5　　生产率动态估计

	α_k	α_l	γ_0	γ_1	γ_2
离散	－0.013 6***	－0.038 1***	0.757 1***	0.617 5***	0.951 9***
	(0.000 6)	(0.000 7)	(0.051 7)	(0.153 2)	(0.150 9)
	γ_3	γ_4	γ_5	γ_6	
离散	－0.117 1***	0.008 9***	0.001 9**	0.006 3***	
	(0.049 3)	(0.001 2)	(0.000 9)	(0.001 7)	
	α_k	α_l	γ_0	γ_1	γ_2
连续	－0.014 0***	－0.037 7***	0.625 1***	0.317 8***	0.690 1***
	(0.000 6)	(0.000 7)	(0.051 9)	(0.155 3)	(0.153 9)
	γ_3	γ_4	γ_5	γ_6	
连续	－0.054 9***	0.001 2***	0.000 2***	0.000 1***	
	(0.050 3)	(0.000 2)	(0.000 0)	(0.000 0)	

注：括号内为系数的标准差；***，**，* 分别表示在 1%，5%和 10%的显著性水平下显著。

两种情形下，ln$k$ 的系数 α_k（边际成本函数中资本的边际弹性）和 ln$l$ 的系数 α_l（边际成本函数中劳动的边际弹性）均为负值且显著，表明总可变成本随着资本存量和劳动力投入的增加而减少，即成本随着投资和企业规模的扩大而降低，这符合我们的预期。γ_1，γ_2，γ_3 是生产率滞后项的一次、二次和三次项对于生产率的影响，均是显著的，表明生产率的动态演进遵循非线性的路径。γ_4 测度的是过去的创新行为对于生产率的影响，显著为正，表明创新行为会显著正向影响生产率的动态变化。γ_5 测度的是过去的出口行为对于生产率的影响，同样显著为正，表明出口行为也会显著正向影响生产率的动态变化。创新决策系数和创新支出系数都比出口的系数要高，说明创新决策对于生产率的提升效果比出口决策的提升效果更为突出，一旦从事出口或创新活动，创新行为所产生的生产率效应会显著超越出口行为的生产率效应。出口与创新的交互项 γ_6 是显著为正的，说明增加另一种投资行为对于未来生产率提升的边际贡献要高于仅采取其中一种投资行为对于未来生产率提升的边际贡献，同时采取两种行为的生产率效应要远高于仅采取一种行为对生产率带来的提升效应。这进一步说明企业的出口行为和创新行为是相互依赖的，并不断相互强化，与我们描述统计的结果相符。γ_4，γ_5 与 γ_6 之和测度的是过去同时采取创新和出口决策时对生产率的影响，表明同时采取两种行为的生产率提升效应要远高于两种行为都不采取的生产率效应。我们在图4－1中展示四种类型企业的平均生产率情况。同时从事创新与出口的企业的平均生产率是最高的，仅创新的次之，仅出口的企业的平均生产率略高于都不从事创新与出口的企业。

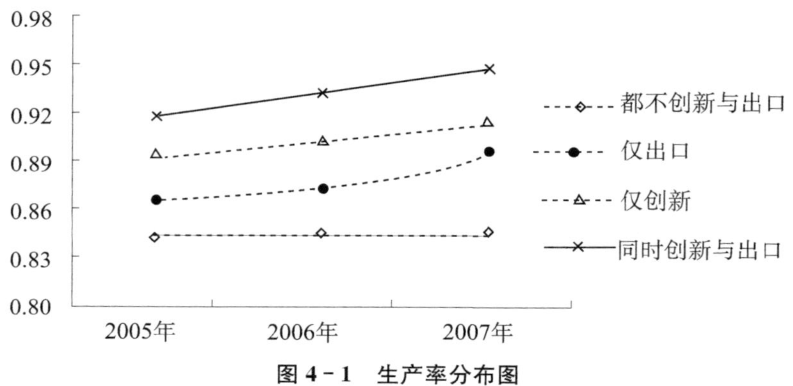

图4－1　生产率分布图

表4－6展示的是双变量Probit模型回归的结果，体现的是生产率对于企业决策的影响。结果表明：生产率正向影响着企业的出口决策和创新决策；企业的资本存量和劳动力投入异质性也显著影响着企业的两项决策，这与理论模型所讨论的影响企业决策的三个异质性来源相符。同时，过去的同一类型的决策高度影响着当期的决策，这也验证了前文描述统计所提到的企业同类决策有很强的持续性。不同种类决策对彼此存在影响，比如，过去的出口决策对于现在的创新决策的影响为正向且显著；虽然过去的创新决策对于现在的出口决策的影响不显著但也是正向的，说明企业的两项投资活动是相互依赖的，共同影响生产率的动态变化。此外，误差的相关性也是显著为正的，说明两个决策受到其他共同的外部因素的影响，比如模型中讨论的出口市场需求冲击 δ。

表 4-6　　自选择效应估计结果

自变量	ω_{it}	k_{it}	l_{it}	$e_{it-1}\gamma_{it-1}$		
出口 e_{it}	0.833 4*** (0.331 5)	0.043 2*** (0.013 7)	0.174 9*** (0.021 1)	2.585 4*** (0.036 4)	0.044 5 (0.042 7)	
创新 γ_{it}	1.040 5*** (0.268 6)	0.013 6*** (0.011 9)	0.098 8*** (0.017 9)	0.230 7* (0.142 1)	2.042 7*** (0.034 3)	ρ=0.024

注：括号内为系数的标准差；***，**，*分别表示在 1%，5%和 10%的显著性水平下显著。

表 4-7 的第二列、第三列展示了式（4-5）的估计结果。第二列展示的是普通的 OLS 估计，第三列展示的是面板数据的固定效应估计。结果表明，生产率、资本存量和劳动力投入都是显著为正的，这也符合我们的模型所讨论的企业的两个异质性来源。在固定效应的回归中可以看出，在控制了生产率的情况下，企业层面出口市场冲击占所有误差的 85%，这表示出口需求的差异也是导致企业出口市场规模和利润差异的重要来源。我们的研究表明，企业层面的收入和利润存在显著差异（企业异质性），影响企业异质性的三个重要因素或异质性来源为生产率、资本存量、劳动力投入和出口市场冲击，这从实证的角度验证了我们的模型的理论预测，进一步丰富了异质企业贸易理论的研究。表 4-7 的第四列是采用 OLS 将新产品收入作为因变量进行回归得到的结果，第五列是采用 tobit 估计将新产品收入占总收入的比值作为因变量进行回归得到的结果。变量的系数均显著为正，表明企业的生产率会正向影响创新投资决策的投资回报，生产率越高，创新的回报就越高。同时，资本存量和劳动力投入也是重要的影响因素，创新的回报随着资本存量和劳动力投入的增加而上升。

表 4-7　　投资回报估计结果

因变量	y_{it}^{E}	y_{it}^{E}	n_{it}	sh_{it}
估计方法	OLS	Fixed-effects	OLS	Tobit
ω_{it}	7.721 4*** (0.525 4)	5.966 4*** (0.604 9)	9.09 1*** (0.463 3)	2.378 0*** (0.188 8)
k_{it}	0.301 5*** (0.025 1)	0.156 9*** (0.038 5)	0.120 3*** (0.022 1)	0.016 2 * (0.009 1)

续前表

因变量	y_{it}^{E}	y_{it}^{E}	n_{it}	sh_{it}
估计方法	OLS	Fixed-effects	OLS	Tobit
l_{it}	1.503 2***	0.479 9***	0.207 2***	0.030 9**
	(0.036 4)	(0.034 1)	(0.032 1)	(0.026 7)
F 值/Chi 值	1 848.87	65.17	307.23	405.65
P 值	0.00	0.00	0.00	0.00

注：括号内为系数的标准差；***，**，*分别表示在1%，5%和10%的显著性水平下显著。

我们对上述的计量结果进行了进一步的稳健性检验。首先，生产率无论是采用离散变量还是连续变量来测量，生产率动态演进测算的结果都是稳健的，同时，自选择效应的估计结果和投资回报的估计结果也是稳健的。其次，考虑到生产率和投资决策变量的内生性问题，我们在生产率动态效应的估计方程、自选择效应方程和投资回报方程中采用了滞后一期的自变量（因为当期的变量不会影响过去一期的变量），发现结果也都是稳健的。最后，用本部分的数据对 Aw 等（2011）只考虑资本投入要素的模型进行测算，发现我们的模型（在考虑了资本投入要素以外增加了劳动力投入要素）的实证结果对数据的拟合程度更好。

4.5　研究结论与政策含义

本部分通过构建动态结构方程的理论模型，采用 biprobit、OLS 等估计方法，运用 2005—2007 年电子通信行业企业数据进行实证检验，进一步探讨企业出口、创新和生产率的动态效应。研究结果表明：首先，企业的生产率、资本存量、劳动力投入和出口市场冲击是影响企业自选择行为的异质性因素，也是企业异质性的重要来源；其次，企业的出口和创新行为促进企业生产率的提高，这验证了出口学习效应；再次，投资决策的回报随着企业生产率的提高而提高，因此生产率高的企业会选择做出投资决策以获得更大利润，自选择行为会进一步强化；最后，出口或创新的状态会影响另一项投资的投资回报，因此企

业对一项投资活动的决策受到另一项投资活动的状态的影响。

经济增长的本源在于生产力的发展。在全球化时代，稳定持续的经济增长仍然是各国政府最关注的焦点。企业出口行为和生产率提高之间关系的内在机制在于：对于一个还未进入出口市场的企业而言，它首先必须具备较高的生产率，这样才能跨过出口所需的较高固定成本这一门槛，自选择效应和出口学习效应的相互作用将促进出口企业的生产率提高。出口参与对创新的影响意味着让更多的企业从事出口会提高创新的可能性，同时会提高出口和创新的回报。因此，本文的政策建议如下：

第一，积极鼓励出口，促进贸易开放，提高出口对企业生产率水平的促进效率和维持长度。在鼓励出口政策的基础上，还可以从以下几个方面入手：一是促进与发达国家的贸易往来，从而从发达国家获得更多更好的学习效应；二是促进和帮助企业的生产链在全球范围内无缝对接，利用全球生产网络整合，从而维持企业出口学习的持续和稳定。

第二，积极鼓励创新，既要实现创新的质的飞跃，又要实现创新的内生发展。一方面，创新提高生产率以突破生产率门槛；另一方面，创新提高企业吸收能力从而加强出口学习效应。因此，政府可以从以下两个方面考虑：首先，在财力、物力上扶持企业的创新活动；其次，加快推进低竞争程度行业的改革，完善“以竞争促创新”的经济环境。

第三，将贸易开放政策和创新政策相结合。一方面，鼓励高新技术企业走出去，政府可以在出口补贴和税收激励上进行改善；另一方面，鼓励出口企业实现技术创新，促进出口企业的集群化、产学研一体化，提高出口企业的技术吸收能力和技术实力。

参考文献

Aw B Y, Roberts M J, Winston T. Export market participation, investments in R&D and worker training, and the evolution of firm productivity. *The*

World Economy, Vol. 30, No. 1, 2007: 83 - 104.

Aw B Y, Roberts M J, Xu D Y. R&D investments, exporting, and the evolution of firm productivity. *The American Economic Review*, Vol. 98, No. 2, 2008: 451 - 456.

Aw B Y, Roberts M J, Xu D Y. R&D Investment, Exporting, and Productivity Dynamics. *American Economic Review*, Vol. 101, No. 4, 2011: 1312 - 1344.

Bernard A B, Eaton J, Jenson J B, Kortum S. Plants and productivity in international trade. *The American Economic Review*, Vol. 93, No. 4, 2003: 1268 - 1290.

Blundell R, Smith R J. Coherency and estimation in simultaneous models with censored or qualitative dependent variables. *Journal of Econometrics*, Vol. 64, No. 1, 1994: 355 - 373.

Cassiman B, Golovko E. Innovation and internationalization through exports. *Journal of International Business Studies*, Vol. 42, No. 1, 2011: 56 - 75.

Clerides S K, Lach S, Tybout J R. Is learning by exporting important? Micro-dynamic evidence from Colombia, Mexico, and Morocco. *Quarterly journal of Economics*, 1998: 903 - 947.

Costantini J, Melitz M. The dynamics of firm-level adjustment to trade liberalization. *The Organization of Firms in a Global economy*, 2008: 107 - 141.

Criscuolo C, Haskel J E, Slaughter M J. Global engagement and the innovation activities of firms. *International Journal of Industrial Organization*, Vol. 28, No. 2, 2010: 191 - 202.

Das S, Roberts M J, Tybout J R. Market entry costs, producer heterogeneity, and export dynamics. *Econometrica*, Vol. 75, No. 3, 2007: 837 - 873.

Levinsohn J, Petrin A. Estimating production functions using inputs to control for unobservables. *Review of Economic Studies*, Vol. 70, No. 2, 2003: 317 - 341.

Melitz M J. The impact of trade on intra - industry reallocations and aggregate industry productivity. *Econometrica*, Vol. 71, No. 6, 2003: 1695 - 1725.

Olley S, Pakes A. The dynamics of productivity in the telecomunications equipment industry. *Econometrica*, Vol. 64, No. 6, 1996: 1263 - 1297.

Poirier D J. Partial observability in bivariate probit models. *Journal of econometrics*, Vol. 12, No. 2, 1980, 12 (2): 209 - 217.

Yang Y, Mallick S. Export Premium, Self-selection and learning-by-exporting: evidence from Chinese matched firms. *The World Economy*, 2010, 33 (10): 1218 - 1240.

戴觅，余淼杰．企业出口前研发投入、出口及生产率进步：来自中国制造业企业的证据．经济学，2011 (4).

千慧雄．出口与技术创新结构：基于高技术产业的面板分析．国际贸易问题，2014 (9).

邱斌，刘修岩，赵伟．出口学习抑或自选择：基于中国制造业微观企业的倍差匹配检验．世界经济，2012 (4).

易靖韬．企业异质性，市场进入成本，技术溢出效应与出口参与决定．经济研究，2009 (9).

易靖韬，傅佳莎．企业生产率与出口：中国浙江省企业层面的证据．世界经济，2011 (5).

张杰，李勇，刘志彪．出口促进中国企业生产率提高吗？来自中国本土制造业企业的经验证据：1999—2003. 管理世界，2009 (12).

赵伟，韩媛媛，赵金亮．异质性、出口与中国企业技术创新．经济理论与经济管理，2012 (4).

第5章

多产品出口企业：产品转换与资源重置

5.1 引言

如何实现资源的最优配置是经济学研究的核心命题。传统贸易理论阐述了开放经济下，国家间、行业间通过比较优势实现资源的重新配置，以 Melitz（2003）为代表的企业异质性贸易理论阐述了行业内企业间的资源再配置过程。该理论基于单一产品企业假设，忽略了多产品企业在现实经济中普遍存在的事实。近年来，伴随着企业内产品层面细分数据的可获性增强，Bernard 等（2011）把理论模型的分析维度拓展到产品层面，在基于多产品企业假定的贸易模型框架下，认为企业内的产品转换行为是实现企业内资源优化配置的重要方式。不同于企业的退出市场行为，企业内的产品转换行为并不一定意味着企业因生产能力不足而放弃市场。它既可能是应对开放经济带来的竞争效应的一种防御战略，又可能是利用市场规模效应主动调整产品组合的一种进攻战略。多产品企业的产品转换行为具有丰富的内涵，与企业生产率、盈利能力、资源配置和战略选择密切相关，对贸易增长、贸易结构和贸易利得有重要影响。研究多产品企业的产品转换行为具有很强的理论与现实意义。

国内外学者已开始利用多产品企业贸易模型框架，重新诠释中国的出口繁荣。现有理论和实证文献对多产品企业的研究大多聚焦并停留于产品范围层面，包括对贸易结构二元边际特征、出口产品范围的决定因素、经济后果例如贸易条件恶化、出口脆弱性等方面的研究。第一条主线的研究聚焦于中国贸易结构二元边际特征，如钱学锋（2008）、钱学锋和熊平（2010）、Manova 和 Zhang（2009）、Amiti 和 Freund（2011）分析了中国出口的广度增长和深度增长；施炳展（2010）将中国出口贸易结构分解为广度、数量和价格三个方面。第二条主线的研究从产品层面、企业层面、行业层面和政策层面等维度探究多产品企业产品范围的决定因素。产品层面上，消费者偏好改变会促进企业增加更受消费者喜欢的产品种类，放弃偏好较弱的种类（Bernard et al.，2011）。企业层面上，生产率提升（Brambilla，2009；彭国华和夏帆，2013）、研究与开发费用投入（Brambilla，2009）、企业能力（Bernard et al.，2011；Nocke and Yeaple，2014）与企业的出口产品种类呈正向关系。此外，工资变化（Eckel and Neary，2010）、资本结构（钱学峰等，2013）、信贷约束和贸易成本（Manova and Zhang，2009）、金融发展水平（Manova，2008）同样影响企业最优出口产品范围。行业层面上，行业的准入成本、数量、竞争的变化会促使企业进行产品转换（Ma et al.，2014），行业创新能力不足也会制约产品转换（Goldberg et al.，2010）。政策层面上，是否签订区域经济一体化协定（钱学锋和熊平，2010）等对出口的扩展边际存在不可忽视的作用，以及关税变化（Baldwin and Gu，2009；Feenstra and Kee，2007）、贸易自由化（Baldwin and Gu，2006；Eckel and Neary，2010）都会对企业出口产品范围产生影响。第三条主线的研究是考察出口产品范围变化的经济后果。一是考察对企业表现的影响。产品范围的改变伴随着资源的重新配置，增加产品与企业生产率正相关，频繁进行产品转换的企业，生产率和财务绩效会更高（Bernard et al.，2010）。Ma 等（2014）研究发现中国出口企业的产品转换降低了产品的要素密集度。二是对贸易增长的贡献。易靖韬和乌云其其克（2013）利用 2000—2005 年中国 28 个省市海关数据探究出口更多的某种产品、出口更多种类的产品和出口更高质量的产品三种方式对贸易增长的贡献。三是贸易利得方面，Eckel 和 Neary（2010）提出产品种类减少导致的生产率提高是贸易利得新的来源。

鲜少文献对中国出口企业的多产品特征事实及产品转换行为进行刻画。钱学锋等（2013）对我国出口企业的出口范围特征和影响因素进行分析，侧重于对多产品出口企业在所有权属性、企业层面的贸易方式，以及行业间结构性差异的总结，没有深入刻画产品的转换行为。为填补目前对中国多产品企业特征事实及产品转换行为分析的空白，本部分选取具有代表性的中国制造业出口企业作为研究对象，利用 2000—2005 年中国工业企业数据库及海关进出口统计数据库匹配所得数据，对样本内中国出口企业的多产品现象的普遍存在性，多产品出口企业的产品转换行为进行细致刻画，深入探讨企业产品转换的决定因素和经济后果，揭示产品转换行为是企业内资源配置的重要方式。本部分的学术贡献主要体现在三个方面：第一，总结了多产品企业贸易理论演进，揭示出产品转换是探索企业内资源配置的线索和路径，更加切入资源配置的核心和本质问题；第二，从企业、产品和企业—产品三个维度描述了产品转换行为，较好地刻画了我国多产品出口企业的行为特征；第三，中国作为出口贸易份额最大的发展中国家，作为研究样本具有很好的代表性，丰富了当前国际贸易文献中关于多产品企业经验研究的案例。

本部分接下来的安排如下：5.2 节简述多产品企业贸易理论演进；5.3 节展示我国出口企业产品转换的特征事实；5.4 节对产品转换的决定因素及其经济后果做实证分析；5.5 节总结全文并提出政策建议。

5.2　多产品企业贸易理论演进

国际贸易理论一直以来都有从资源配置角度来考察经济活动参与者行为的传统。从亚当·斯密的绝对优势理论到李嘉图的比较优势理论，再到要素禀赋理论，都是讨论专业化分工引致资源在不同国家、不同行业间实现优化配置并最终提升整体生产率。Krugman（1986）新贸易理论将产业组织理论与国际贸易理论相结合，研究同一行业内由于消费需求偏好不同所带来的资源配置效应。Helpman-Krugman 模型（1987）将要素禀赋理论与 Krugman 新贸易理论结合在一起，发现两国的产业间贸易按照要素禀赋理论引导资源在不同行业间进行重新配置，产业内贸易则按照 Krugman 新贸易理论引导资源在同一行业内部进行重新配置。以 Melitz（2003）为代表的新新贸易理论，在 Krugman（1986）规模经济理论基础上引入 Hopenhayn（1992）关于企业生产率异质的假设，同时考虑到企业开拓市场时面临着不可撤销成本，强调贸易会引导资源在同一行业内不同企业间实现优化配置，资源会从生产率低的企业向生产率高的企业转移，从而提高整个行业的生产率水平和整个社会的福利水平。Bernard 等（2007）结合了要素禀赋理论、Krugman 规模经济和 Melitz 企业异质性，构建了一个总结现有主流贸易理论的综合模型，很好地反映了从传统贸易理论到新新贸易理论的延续性。在贸易自由化过程中，具有比较优势的行业更有利可图，该行业中的高生产率企业扩张更快，拉升要素价格，提高了行业的平均生产率水平，原先服务于国内市场的生产率较低的企业由于要素价格上升，无法覆盖生产成本只能选择退出市场。因而，在比较优势行业中，呈现出企业资源配置效应更为明显的特征。

20 世纪 90 年代以来新的微观企业数据显示多产品企业普遍存在，学者的研究兴趣从研究企业间出口行为深入到企业内部产品转换行为来研究不同企业的出口行为模式，涌现了一批基于多产品假定（即产品异质性）的异质性贸易理论，例如 Bernard 等（2010），

Nocke 和 Yeaple（2006），Baldwin 和 Gu（2006）。多产品企业贸易理论进一步强调产品异质性，通过产品转换行为引导资源在企业内各产品间优化配置进而影响企业、行业乃至整个经济体的绩效表现。

Bernard 等（2010）指出存续企业可以通过增加新产品或者放弃已有产品，甚至是改变核心产品等产品转换行为，实现资源优化配置。他们在 Melitz（2003）基础上，加入产品异质性，构建了多产品内生选择一般均衡模型。模型假定多产品企业的整体生产率异质性和消费者对特定企业—产品组合偏好的异质性。生产率最高的企业能够承担生产更多产品种类的不可撤销投资，相较于低生产率的企业能够选择更广泛的产品范围，会选择向每一个目的国市场出口更多种类的产品；生产率较高的企业只供应国内市场，生产率最低的企业退出生产活动。企业内某种产品的消费者需求越高，企业会投入更多的资源到该产品的生产中，以赚取更多的利润。当面对生产率冲击时，高生产率的企业可以通过减少已不产生盈利的产品来应对冲击，高生产率企业仍旧能够在相对困难的经济环境下生存下来；低生产率企业在面对生产率冲击时，可能全线产品都陷入亏损，企业选择退出市场。面对消费者偏好变化的冲击，多产品企业可以通过增加生产消费者偏好的产品来获得更多利润。如果新增产品的不可撤销投资较高，企业可以进一步放弃边际成本最高的产品，从而获得更高的利润。随机的生产率冲击和消费者偏好冲击，会导致企业内相对稳定的产品转换行为以及企业间相对稳定的进入、退出行为。Bernard 等（2011）进一步引入贸易成本构建非对称国家的多产品企业贸易理论模型。在面对外生冲击，例如贸易成本上升时，可能出现减少出口企业数量、出口企业缩减特定产品数量及范围的情形。多产品异质企业贸易理论表明，企业的产品转换行为不同于企业进入和退出动态，尤其是减少某些产品种类的行为，不仅是一种防御手段，在特定情形下也是企业把握市场机遇的进攻战略。

Melitz（2003），Bernard 等（2011）均采用 CES 效用函数，消费者对多样性的偏好使得生产率较低的厂商进入和存活成为可能。由于 CES 效用函数导致企业的成本加成率恒定的问题，厂商只能通过在劳动力市场上雇用更多地劳动力扩大规模进行竞争，而不能通过降低商

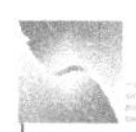

品价格进行竞争。Melitz 和 Ottaviano（2008）放松了 CES 效用函数的设定，采用 Ottaviano 等（2002）的拟线性效用函数，可以测量不同竞争程度的市场上企业行为的变化。Mayer 等（2014）则将 Melitz 和 Ottaviano（2008）拓展到多产品模型，反映多产品企业具有核心竞争力产品的事实。该模型假定多产品企业中每种产品的生产效率都不相同，新加入产品的生产效率低于现有产品，即每个企业都有一个核心产品，外围产品的效率逐渐降低。在开放经济条件下，竞争效应和市场规模效应会促使多产品企业放弃生产效率最低的产品，把企业出口更多地集中到核心竞争力产品上来，使得产品间发生蚕食效应（cannibalization）。同时，由于企业生产更多的高生产率产品，放弃低生产率产品，提高了企业层面的生产率。Nocke 和 Yeaple（2014）也假设企业的资本能力和组织效率决定了企业整体生产率，产品的专业技术特征决定了多产品企业的核心竞争力源自何种产品。在 Mayer 等（2014）框架下，产品之间的互动更为复杂。

我们可以看到，多产品企业贸易理论虽然是对 Melitz（2003）企业异质性贸易理论的扩展，但其内在含义远不止于此。第一，多产品企业贸易理论是同绝对优势、比较优势、要素禀赋理论、异质企业贸易理论具有同等重要性的理论。多产品企业贸易理论在很大程度上改进了贸易理论的研究理念与关注层次，阐明了现实经济世界之中所蕴含的模式、结构和逻辑。现实经济世界看起来更像是产品（商品）的集合，多产品企业贸易理论揭示出产品是经济活动中一个具有动力学性质的媒介，是比企业还要基本的经济单元。第二，多产品企业贸易理论阐明了企业内资源配置的运行机制。在产品层面上的消费者偏好效应、关联效应、蚕食效应；企业层面上的生产能力、配置效率；出口市场上的竞争效应、市场规模效应、市场特定产品需求等各种机制的作用下，企业克服进入市场、生产新产品、进入出口市场、向特定出口市场供应新产品的固定成本，通过自选择效应，进入或退出部门或行业，以及通过企业内产品转换行为，选择高贡献率产品，聚焦核心产品，实现企业的资源优化配置。当企业从封闭经济进入到开放经济时，以及面对随机的生产率冲击或消费者偏好冲击时，不同效应的作用效果不同，最终体现到企业增减产品品种的行为上来。第三，产品转换行为对企业绩效、贸易增长以及贸易结构产生影响，最终在总量上体现出不同的效果。贸易总量上的波动往往伴随着微观企业层面巨大的产品转换行为和企业进入或退出市场行为。第四，多产品异质性理论具有强大的预测功能和政策指导作用。通过对微观企业具体产品转换行为的统计，我们可以看到企业、行业、部门结构的构成和动态变化，可以预测贸易自由化、贸易保护主义以及对特定产业的贸易政策可能产生的影响后果，并采取经济和贸易政策对具体部门、企业、产品进行针对性调整，实现政策成本最小化，社会效益最大化。

5.3 中国多产品出口企业产品转换的特征事实

通过前文分析，可以看到多产品企业贸易理论的核心在于理解企业是如何通过产品转换行为实现自身资源优化配置。对于不同国家，发展阶段不同、市场规模存在差异、企业生产率本身也存在巨大差异，因此在相同的多产品企业贸易理论框架下，不同国家的企业产品转换行为表现也不尽相同。本部分参考 Bernard 等（2010），对中国出口企业的产品转换行为特征事实进行详细刻画。

5.3.1 数据描述

本部分的研究对象为 2000—2005 年的中国出口企业，数据来源为中国工业企业数据库和中国海关进出口统计数据库。其中，中国工业企业数据库由国家统计局进行统计和整理，统计范围为中国年销售额 500 万元人民币以上的非国有制造业企业和所有的国有企业。其数据丰富，包括企业基本情况、主要技术经济指标和企业基本财务指标（如产值、销售额、利润、成本、劳动力、资本以及财务报表指标等）。该数据库虽然样本容量巨大（包含 95%以上工业产值），但严谨性缺失，存在指标异常、缺失等一系列问题（聂辉华和贾瑞雪，2011）。因此，参考现有文献方法进行数据处理：（1）剔除不符合会计准则的企业；(2) 剔除劳动力人数小于 10 人或缺失的企业；(3) 剔除相关变量小于 0 或缺失的数据；(4) 以 2000 年为基期，采用《中国统计年鉴》省份和行业层面工业品出厂价格指数、固定资产投资价格指数和原材料价格指数分别对工业增加值、资本和中间品投入进行价格平减。产品出口数据则来源于海关进出口统计数据库，该数据库由中国海关总署每月对各项进出口数据进行统计而得，以企业和 HS-8 代码作为分类基础，每个出口企业观测值对应某一具体出口产品种类、出口数量和金额、出口目的地以及企业基本资料等信息。考虑到本文的研究对象，在此将海关数据库的月度数据汇合为年度数据。为保持两个数据库的单位一致，本文采用 2000—2005 年人民币兑美元汇率对数据进行换算，中国海关数据库中产品的出口值单位（美元）与中国工业企业数据库中出口额、产值等变量单位（人民币元）相匹配。本部分根据工业企业数据库中的法人单位名称和海关进出口数据库中的企业名称进行匹配，只保留在两个数据库中同时存在的企业作为研究样本，从而形成制造业出口企业的企业层面、产品层面和企业—产品层面的面板数据样本。

根据 HS 编码分类规则，我们将 HS-8 编码对应为一种产品（product），HS 前 4 位编码对应为一个行业（industry），HS 前 2 位编码对应为一个部门（sector）。因此，将只出口单一 HS-8 编码产品的企业称为单一产品企业，出口产品种类（即 HS-8 编码产品的数量）大于 1 的企业称为多产品企业。同理，将出口 HS-4 编码产品的数量大于 1 的企业称为多行业企业，将出口 HS-2 编码产品的数量大于 1 的企业称为多部门企业。此外，以 2005 年中国出口额为例，贸易中间商占比达到 22%且贸易中间商比直接出口商平均出口更多的产品种类，为避免没有剔除贸易中间商而造成的对中国多产品出口企业出口产品范围和转换行为的评估偏误，在对中间商进行剔除后，对企业平均出口产品范围和产品转换行为进行统计。关于企业总产出，参考钱学锋等（2013）的处理方法，企业总产出选择的是工业总产值（不变价）指标，因 2005 年的数据库中只有工业总产值（现价），对 2005 年的工业总产值用以 2000 年为基期的工业品出厂价格指数进行平减。

5.3.2 企业层面的特征事实

表 5－1 显示了多产品出口企业在样本企业中的数量占比、产值占比，以及生产的产品种类数量、产品横跨的行业和部门数量。表 5－1分别展示了 2000—2005 年的平均值以及 2005 年的数值。无论是从 6 年均值还是 2005 年的数值来看，毋庸置疑多产品企业是中国出口企业的主力军，70%以上的出口企业均生产多个产品，且多产品企业的总产出占比达到 80%以上。多产品企业横跨多行业、多部门的事实也很普遍，占比分别达到 60%和近 50%。以 6 年均值来看，多产品出口企业平均生产 7 个以上的产品、横跨 5 个行业、出现在 3 个以上部门之中，产品品种数量多于行业、部门数量也一定程度体现了多产品出口企业生产的产品具有关联效应。

表 5－1　　多产品出口企业普遍存在

	企业种类	企业数占比(%)	产值占比(%)	平均产品/行业/部门数量
2000—2005 年平均值	多产品	75.18	83.25	7.35
	多行业	65.07	75.39	5.02
	多部门	49.41	62.49	3.36
2005 年	多产品	73.92	82.51	6.49
	多行业	63.41	74.11	4.74
	多部门	47.81	61.07	3.32

为了进一步检验企业内的产品转换行为，我们首先根据企业改变出口产品集合的方式将企业分为互斥的四个类别：(1) 无产品转换 (None)：企业未改变上一期其出口产品的集合；(2) 只增加产品 (Add)：企业与上一期相比只增加了出口产品种类；(3) 只减少产品 (Drop)：企业与上一期相比只减少了出口产品种类；(4) 两者都有 (Both)：企业与上一期相比既增加了出口产品种类，又减少了出口产品种类。表 5－2 分别对两期都存在的所有样本企业、第 t 期出口多个产品的出口企业，以及产出水平在行业内居于前 25%的大型企业的出口产品转换行为进行统计，表 5－2 报告了 2000—2005 年五次转换比例均值。

表 5-2　企业内的产品转换行为

企业行为	所有企业	多产品企业	大型企业
企业数量占比（%）			
无产品转换	11.36	5.33	9.94
只增加产品	50.51	50.80	44.52
只减少产品	9.77	7.51	9.74
两者都有	28.37	36.36	35.80
企业产出占比（%）			
无产品转换	8.04	4.02	7.38
只增加产品	41.15	40.14	39.82
只减少产品	8.55	6.27	8.26
两者都有	42.26	49.56	44.54

从企业数量占比来看，超过 88%的样本出口企业都存在出口产品转换行为。其中，50.51%的样本企业存在只增加产品的行为，9.77%的样本企业选择了只减少产品，28.37%的样本企业既新增了产品又舍弃了既有出口产品。多产品出口企业中存在产品转换行为的企业数量占比更高，仅有 5.33%的企业无产品转换行为，同时产品转换活动更加活跃，超过 36%的多产品出口企业既新增产品又减少了既有产品。大型企业未采取产品转换策略的企业数量占比将近 10%，只增加产品、只减少产品，以及两者都有的大型企业数量占比分别为 44.52%，9.74%和 35.80%。

为了进一步观察企业产品转换行为带来的产出变化，第二栏展示了按照企业产出占比划分的各类企业产品转换行为。对比两部分可以观察到，无产品转换以及只减少产品的出口企业创造的工业产值占样本企业总产出的不到 20%，只增加产品以及双向调整产品种类的出口企业创造了超过 80%的样本企业工业总产值。我们观察到，具有更高产出的企业相较于产出小的企业更易发生产品转换行为，根据自选择效应，产出高的企业生产率更高，更有可能承受新增产品带来的沉没成本。多产品出口企业和大型企业的情况类似，不赘述。

根据 Bernard 等（2010）的分析，企业进入新的部门或者行业往往需要采用新的生产技术，配合新的生产方式，只有生产率最高的企业才能承担跨行业或跨部门所需面对的沉没成本，扩张生产范围。此外，加入 WTO 使得中国出口企业有机会面对更多更大的目的地市场，存在着某些市场对特定产品的偏好和需求，若预期收益足够大，企业会选择生产新的产品或者进入新的行业或部门，甚至放弃原有产品组合。

我们进一步测算多产品出口企业的产品转换行为跨越行业和部门的比例，结果如表 5-3 所示。其中第二列（产品）的结果来自表 5-2 第二列。可以观察到产品转换行为发生在同一行业内的比例（89%）高于跨行业产品转换比例（82%）以及跨部门产品转换比例（71%），与理论预期相符。转换比例之高（超过 70%）也说明加入 WTO 给我国出口企业带来了巨大的发展机遇。

表 5-3　　出口企业的产品、行业和部门转换行为

企业行为	企业数量占比（%）		
	产品	行业	部门
无转换	11.36	18.07	29.07
只增加	50.51	52.17	52.06
只减少	9.77	11.06	10.49
两者都有	28.37	18.70	8.38

最后，我们将企业产出、企业规模（劳动者人数）、全要素生产率（LP 法计算所得）和盈利能力取对数形式，对多产品企业虚拟变量（多产品/行业/部门企业为 1，单产品/行业/部门企业为 0）进行最小二乘法回归，观察多产品出口企业相对单一产品出口企业是否具有更好的绩效表现。表 5-4 显示了回归结果，所有系数均在 1% 水平下显著。结果显示，与单一产品出口企业相比，多产品出口企业的产出、企业规模、全要素生产率、盈利能力分别比单一产品企业高出 27%，35%，25%和 3%，说明多产品出口企业具有更高的生产能力以及盈利能力。跨行业和跨部门的多产品企业回归结果类似，生产率最高的企业才有能力承担多产品、跨行业、跨部门的生产成本，这与 Bernard 等（2011）的理论模型相符，与 Bernard 等（2010）、Goldberg 等（2010）、Adalet（2008）、Moxnes & Ulltveit-Moe（2010）关于美国、印度、新西兰、挪威的实证结果一致。

表 5-4　多产品企业特征

	多产品	多行业	多部门
企业产出	0.27	0.28	0.27
企业规模	0.35	0.32	0.20
全要素生产率	0.25	0.26	0.25
盈利能力	0.03	0.04	0.08

5.3.3　产品层面的特征事实

Bernard 等（2011）的理论贡献之一是提出了实现资源优化配置的全新分析维度，与传统理论只关注企业的进入与退出（即企业间扩展边际）不同的是，产品的增加与减少也是实现资源优化配置的重要方式，即企业内扩展边际。为探究这一分析维度的有效性与重要性，我们从产品层面将行业内总产出根据不同的企业类型进行分解：前向分解与后向分解。前向分解是将所有产品在 t 年的产出按企业和产品生产在 $t-1$ 年和 t 年的状态分为：（1）持续生产：企业在 $t-1$ 年和 t 年都生产该产品；（2）增加产品：企业在 $t-1$ 年已存在但是不生产该产品，在 t 年生产该产品；（3）进入市场：企业在 $t-1$ 年不存在，在 t 年企业生产该产品。因此，可以将产出前向分解为：

$$Y_{tp}=\sum\nolimits_{j\in K_{tp}}Y_{tpj}+\sum\nolimits_{j\in A_{tp}}Y_{tpj}+\sum\nolimits_{j\in E_{tp}}Y_{tpj} \tag{5-1}$$

式中，p 为产品；j 为企业；K_{tp}，A_{tp} 和 E_{tp} 分别为持续生产、增加产品、进入市场的生产 p 产品的企业。

相类似，后向分解则是将产品在 t 年的产出按企业在 t 年和 $t+1$ 年的状态与产品生产情况分为：（1）持续生产：企业在 t 年和 $t+1$ 年都生产该产品；（2）放弃产品：企业在 t 年生产该产品，在 $t+1$ 年虽然继续存在但是不生产该产品；（3）退出市场：企业在 t 年生产该产品，在 $t+1$ 年企业已不存在。因此，可以将产出后向分解为：

$$Y_{tp}=\sum\nolimits_{j\in K_{tp}}Y_{tpj}+\sum\nolimits_{j\in D_{tp}}Y_{tpj}+\sum\nolimits_{j\in Q_{tp}}Y_{tpj} \tag{5-2}$$

式中，D_{tp} 和 Q_{tp} 分别为减少产品和退出市场的生产 p 产品的企业。

表 5-5 的上半部分显示了按照企业产出占比进行分解的结果，下半部分则显示了按照企业数量占比分解所得到的结果，前三列为

前向分解，报告 2001—2005 年的结果，后三列为后向分解，报告 2000—2004 年的结果。

表 5-5　　按企业类型分解的所有产品产出比例

企业类型	前向分解：$t-1$ 与 t			后向分解：t 与 $t+1$		
	持续生产	增加产品	进入市场	持续生产	放弃产品	退出市场
Panel A：企业产出占比（%）						
2000	—	—	—	38.15	12.51	49.33
2001	37.31	20.80	41.89	35.26	9.52	55.22
2002	40.76	15.65	43.59	42.80	7.51	49.69
2003	41.00	10.44	48.56	29.80	34.11	36.09
2004	25.21	47.94	26.85	33.67	10.34	56.00
2005	42.83	6.56	50.61	—	—	—
Panel B：企业数量占比（%）						
2000	—	—	—	47.56	31.49	20.95
2001	42.17	28.53	29.30	55.63	33.05	11.32
2002	43.46	35.65	20.89	53.72	33.92	12.36
2003	46.47	31.10	22.43	42.47	28.93	28.59
2004	31.58	20.84	47.58	45.56	39.48	14.96
2005	50.67	35.48	13.85	—	—	—

首先，结果表明，企业产品转换行为相当频繁和广泛，近 60%的产出都与企业的进入或退出行为以及产品转换行为有关，企业、产品存续期短，失败率高。从前向分解来看，“持续生产”按企业数量占比来看稳定在 40%～50%之间，按企业产出占比来看稳定在 40%左右。“增加产品”的企业数量占比达到 30%左右，按企业产出在 20%左右。“进入市场”的企业数量占比大致有 20%左右，但新进入企业的产出份额相当高，接近 50%。这与理论模型相符，“进入市场”需要同时承担进入出口市场的沉没成本以及生产产品的沉没成本，只有当企业生产率足够高时才能覆盖，生产率高的企业产品往往具有规模效应。“增加产品”的企业产出占比相对较少的原因可能在于这是出口企业的新增边缘产品，其产出份额相对于核心产品偏小。从后向分解来看，“放弃产品”的企业产出占比约占 10%，再次验证了 Mayer 等（2014）的面对贸易冲击时企业选择放弃产值很少的边缘产品的理论分析。“退出市场”的企业数量占比不到 20%，

但企业产出占比高达 50%左右，说明出口市场竞争的激烈程度，这与我国当时以劳动密集型产业、加工贸易为主的贸易结构相吻合。此外，2004 年分解结果大幅波动主要是由企业出口退税政策引起的。中国海关在 2003 年 10 月调整了出口退税政策，平均出口退税率下调 3 个百分点，从 15.11%下降到 12.11%，从 2004 年 1 月 1 日起执行，意在减少高污染的资源密集型产品出口，转向鼓励高附加值和高科技产品出口。

5.3.4　企业—产品层面的特征事实

企业内产品转换行为引起的资源再分配最终会体现到企业绩效上来。为了进一步揭示产品层面的转换行为的重要性，我们将每年存续企业的产出按照产品是否持续生产和产品是否最近一期被增加或放弃进行分解，结果如表 5-6 所示。从前向分解来看，除了 2001 年所占比例较小外，增加产品产出占比稳定在 10%左右。从后向分解来看，放弃产品产出占比更大，接近 20%，在 2003 年甚至达到了 30.58%。需要注意的是，我们不能把前向分解和后向分解的比值直接相比较，但从结果我们仍然可以看到产品转换行为是企业经营活动中的重要活动之一，对企业产出影响较大。

表 5-6　　按产品类型分解的企业产出比例（%）

年份	前向分解：$t-1$ 与 t		后向分解：t 与 $t+1$	
	持续生产	增加产品	持续生产	放弃产品
2000	—	—	81.37	18.63
2001	95.66	4.34	82.80	17.20
2002	88.73	11.27	80.20	19.80
2003	86.92	13.08	69.42	30.58
2004	89.71	10.29	81.86	18.14
2005	88.02	11.98	—	—

多产品出口企业倾向于出口较多种类的产品，但企业的出口额主要集中在少数产品种类上。扩大产品范围能够降低平均沉没成本，满足不同消费者偏好，分散企业出口风险，企业抵御外部冲击的能力更强，降

低企业出口失败概率。但是，Bernard 等（2010）、Eckel 和 Neary（2010）、Mayer 等（2014）的一个核心结论是，企业生产的不同种类产品的生产效率从核心产品到边缘产品呈阶梯下降。当产品范围内生时，国家间贸易成本下降，激烈的市场竞争将迫使企业放弃生产率较低的边缘产品，专注于增加核心产品的出口，从而实现更高的利润。

我们考察了产品种类小于或等于 10 的出口企业，为了清晰地展现产品产出的分布，将横轴设置为企业出口产品种类，纵轴为企业不同种类产品平均出口产值占比，按从高到低顺序排列，第一行即为核心产品的出口额（见表 5－7）。从结果可以看出，不同种类产品平均出口产值在企业内为偏态分布，在出口 2 种、5 种、10 种产品的企业中占比最大的产品产值分别占到 85.25%，69.73%，57.81%。这与 Goldberg 等（2010）关于印度企业的统计结果非常接近，印度出口 2 种、5 种、10 种产品的企业中占比最大的产品产值比重分别为 86%，65%，46%。Bernard 等（2010）、Mayer 等（2014）、Arkolakis 等（2011）关于美国、法国、巴西的研究也得到类似结果，企业在其表现最佳的核心产品上会体现出很高的倾斜度。

表 5－7　　产品出口值在企业内的分布

		企业出口产品种类									
		1	2	3	4	5	6	7	8	9	10
平均出口产值占比（%）	1	100.00	85.25	78.06	73.45	69.73	66.87	64.13	61.60	59.00	57.81
	2		14.75	17.48	18.44	19.11	19.42	19.84	19.99	20.11	20.10
	3			4.47	6.19	7.20	7.94	8.43	8.91	9.52	9.48
	4				1.92	2.94	3.58	4.09	4.61	5.06	5.28
	5					1.02	1.59	2.09	2.51	2.91	3.09
	6						0.59	1.01	1.37	1.68	1.86
	7							0.40	0.71	0.97	1.16
	8								0.30	0.52	0.68
	9									0.22	0.38
	10										0.17

5.4　模型设定与计量分析

本节讨论了中国出口企业产品转换的决定因素和产品转换对于企业表现的影响结果。

5.4.1　产品转换行为的决定因素

根据多产品企业贸易理论，本部分采用多元 Probit 模型考察企业特征、行业特征对企业产品转换行为的影响。考虑到企业特征变量可能存在的内生性问题，我们将企业特征变量滞后一期进行回归，以控制内生性的影响。自变量均采用对数形式，因变量呈现了两种产品范围变化和四种产品转换行为特征。变量选择说明如下：

（1）产品转换行为。本文呈现了两种产品范围变化和四种产品转换行为特征。其中，Netadd 表示相比第 t—1 年，若企业在第 t 年产品种类总数增加了则取值为 1，反之为 0；Netdrop 表示相比第 t—1 年，若企业在第 t 年产品种类总数减少了则取值为 1，反之为 0；Both 表示企业相比第 t—1 年，若企业在第 t 年既存在增加某些产品种类又存在减少某些产品种类的行为则取值为 1，反之为 0；None 表示企业相比第 t—1 年，若企业在第 t 年没有产品转换行为则取值为 1，反之为 0；Addonly 表示企业相比第 t—1 年，若企业在第 t 年仅选择增加产品种类则取值为 1，反之为 0；Droponly 表示企业相比第 t—1 年，若企业在第 t 年仅选择减少产品种类则取值为 1，反之为 0。其中，Netadd 和 Netdrop 反映了企业产品范围的变化情况。后四者是互斥关系，描述了企业的产品转换行为。

（2）全要素生产率（TFP）。多产品企业贸易理论假定新建企业、企业增加新品种、企业进入出口市场、企业内某种产品进入出口市场等环节都存在着不可撤销投资，只有生产率足够高的企业才能够覆盖这些沉没成本，扩大产品范围；生产率较差的企业仅供应国内市场；生产率最差的企业只能退出市场。因此，本部分预测企业生产率与企业新增产品行为之间存在着正向关系；与企业减少产品行为之间存在负向关系；企业未进行产品转换，或者两者都有的情况下，企业生产率与企业产品转换行为之间的关系比较复杂，还需要结合实际情况进一步分析。

（3）企业规模。一般来说，企业员工数量越多，企业改变产品生产线的阻力和成本越大，当遇到生产率冲击和消费者偏好冲击时，企业越难以及时调整产品组合，若收入无法覆盖可变生产成本，企业则面临着破产风险。此外，大型企业员工工资总额较大，会影响企业的战略调整。例如，当新增的市场需求太小，大型企业很难从该产品上获得规模效应，收入无法覆盖员工工资，企业没有动力改变现有产品组合，此时，小规模企业的劳动力成本优势就体现出来了。另外，大型企业通常分工明确，有很多人力资本投资是针对特定环节，该部分投入是企业沉没成本，既阻碍大型企业调整产品组合，也是小型企业进行产品转换的门槛。根据以上分析，可以认为企业规模与产品转换行为之间呈负向关系。

（4）企业年龄。在异质企业的相关文献中已经论证了企业存续期与企业失败率之间存在负向关系，例如 Jovanovic（1982）、Hopenhayn（1992）、Ericson 和 Pakes（1995）、Caves（1998）。其中的原因在于企业在出口市场的存续期越长，越了解出口市场上消费者偏好的变化趋势和动向，越有可能通过学习效应习得某些产品的特殊生产技能，这都有助于企业及时调整产品组合，更好地面对随机的消费者偏好冲击。本文采用企业年龄作为自变量，反映企业在相关产品领域以及相关市场上的经验积累。

（5）盈利能力。多产品企业贸易理论假设，企业新成立、企业生产某种产品、企业进入出口市场、企业在出口市场新增某种产品都需要额外支付一笔沉没成本。只有当企业盈利能力足够高时，才能承担这笔固定成本。企业盈利能力促进企业扩张产品范围。

（6）资本密集度。在其他条件相同的情形下，越高的资本密集度意味着企业在资本密集型行业，产品市场存在着较高的进入门槛。这一方面说明了企业的生产率水平较高；另一方面说明该市场竞争程度不足，没有足够利润承担沉没成本的企业无法进入市场。Olley

和 Pakes（1996）还发现，较高的资本密集度可能预期在当前生产率水平下企业未来可以获得丰厚回报，因此继续保持在已有较低的生产率水平下运营。本部分选取人均资本存量衡量企业资本密集度。

（7）行业竞争。企业所在行业的竞争激烈程度对企业的产品转换策略可能产生正向或者负向的影响。一方面，如果行业集中度高，该行业格局近似寡头竞争，行业平均成本加成较高，较高的利润有利于企业克服产品转换的沉没成本；另一方面，行业集中度高通常意味着竞争对手非常强劲，企业新增产品面临激烈的同行业竞争，会增大产品或企业的失败概率。赫芬达尔-赫希曼指数（Herfindahl-Hirschman index）反映了行业集中度，因而本部分采用 1-HHI 来测量行业竞争程度。

（8）控制变量。本研究通过年份虚拟变量测量年度效应，用来控制时间维度的宏观层面和需求层面的影响；通过省份虚拟变量测量地区效应，用来控制地区维度的资源禀赋和不同制度的影响。

表 5－8 显示了回归系数、聚类稳健标准误以及显著性。首先分析 Netadd 和 Netdrop 反映企业产品范围变化的两个回归模型。可以看到企业特征和行业特征基本都在 1%水平下显著，两个回归模型的自变量系数方向相反，说明回归结果相当稳健。具体而言，企业全要素生产率越高、盈利能力越强、资本密集度越大，企业越有可能扩大产品范围，企业规模和企业年龄与企业产品范围呈负向关系，这与预期相符。行业竞争与企业产品范围之间呈负向关系，说明行业竞争越激烈，企业的成本加成越少，需要把生产集中到核心产品、放弃边际成本较高的边缘产品才能获得更高的利润。

表 5－8　　多产品企业产品转换行为的影响因素

因变量	Netadd	Netdrop	Both	None	Addonly	Droponly
企业层面						
TFP	0.058***	−0.021***	0.096***	−0.074***	−0.040***	−0.075***
	(0.006)	(0.006)	(0.006)	(0.009)	(0.007)	(0.008)
企业规模	−0.022***	0.032**	0.011*	−0.002	−0.034***	0.028***
	(0.006)	(0.007)	(0.006)	(0.009)	(0.007)	(0.008)
企业年龄	−0.121***	0.090***	−0.009	0.062***	−0.078***	0.083***
	(0.008)	(0.008)	(0.008)	(0.011)	(0.009)	(0.010)

续前表

因变量	Netadd	Netdrop	Both	None	Addonly	Droponly
盈利能力	0.131***	−0.168***	−0.071**	0.034	0.160***	−0.067*
	(0.036)	(0.034)	(0.033)	(0.046)	(0.042)	(0.038)
资本密集度	0.014***	−0.044***	−0.050***	0.019***	0.055***	0.002
	(0.005)	(0.005)	(0.005)	(0.006)	(0.005)	(0.006)
行业层面						
行业竞争	−0.473***	0.536***	0.415***	−0.249***	−0.480***	0.121
	(0.071)	(0.076)	(0.071)	(0.097)	(0.076)	(0.095)
年度效应	是	是	是	是	是	是
地区效应	是	是	是	是	是	是
样本量	71 504	71 504	71 504	71 504	71 504	71 504

注：***，**，*分别表示在1%，5%和10%的水平下显著。括号内为估计系数的标准差。

接下来分析企业特征变量和行业特征变量对企业产品转换行为的影响结果。我们观察到企业特征变量、行业特征变量对产品转换行为的影响更加复杂。全要素生产率促进企业在四种互斥的产品转换方案中选择“两者都有”的方式，这也验证了产品层面的波动远大于企业层面的波动，说明生产率高的企业在优化企业资源配置的过程中具有更高的灵活性。规模越大的企业，在四种互斥的产品转换方案中，更倾向于放弃产品而不是增加产品种类。这与我们的预测较为一致，船大难掉头，这类企业往往采取削减利润率不高的边缘产品，向核心产品转移的方式来面对随机冲击。企业建立的时间越久，越倾向于不进行产品转换或者是减少产品，不倾向于增加产品，这与预期相符。企业存续期越长，其产品与出口市场的消费者需求越贴合，能很好地面对外部冲击。减少产品的可能解释是，自中国加入世界贸易组织以来，我国出口贸易额激增，企业可能把更多的生产力投入到核心产品的生产上来而放弃了边缘产品。盈利能力强的企业倾向于增加产品种类，不太需要减少产品种类，这与多产品企业贸易理论假设一致，新增产品存在沉没成本，只有具有足够利润的企业才能承担这部分成本。资本密集度高的企业，倾向于增加产品种类或者保持现有产品种类，不倾向于既增加又减少产品。资本密集度高的企业多为中高科技行业，该类行业需要投入大量中间品，生产出来的产品仅为一或两种，企业特征决定了企业很难轻易调整产品线，成本太高。行业竞争越激烈，企业的产品转换行为越复杂，可能的解释是，激烈竞争的行业通常产品技术水平相当，企业成本加成也比较小，企业往往需要不断进行水平差异化，适应消费者需求的变化。

除了企业维度，我们还从产品维度来考察产品特征对企业产品转换行为的影响。本部分参考 Bernard 等（2010），考察产品规模和产品存续期在企业决定是否放弃某个产品的过程中的影响力。自变量为企业是否放弃某个产品，如果一个产品在 2000 年生产而在随后五年内被企业放弃的话取值为 1，否则为 0。Bernard 等（2010）认为，产品规模偏小，说明企业很难通过该产品获得足够利润以及新增产品在企业面临负面冲击时可能被优先放弃。Arkolakis（2015）则构建了一个学习效应模型，该模型假设企业对于其生产的产品能否在出口市场盈利具有不确定性，需要经过瞬间偏好冲击才能学习和了解消费者对该产品的偏好。当企业把这种产品投入到出口市场后，市场不断反馈消费者需求偏好信号，企业逐步了解到此产品的盈利潜力。因此，本文的因变量产品规模和产品存续期间接反映了企业出口目的地市场对该产品的消费者偏好，进而影响企业对产品的取舍。可以预测，产品规模和存续期对企业放弃某个产品具有负向作用，即产品规模越大、存续期越久，说明出口市场对该产品的需求偏好越大，企业会选择保留生产该产品。表 5-9 的结果与预期相符，产品规模和产品存续与产品失败呈现负向关系。

表 5-9　　产品特征对企业产品转换行为的影响

	$Drop_{t;t+5}$	$Drop_{t;t+5}$	$Drop_{t;t+5}$
产品规模	−0.002***	−0.002***	−0.001***
	(0.000)	(0.000)	(0.000)
产品存续	−0.490***	−0.527***	−0.520***
	(0.002)	(0.001)	(0.001)
固定效应	无	企业	企业—产品
样本量	889 499	889 499	889 499

可以看到，企业内产品转换行为并不都是由企业缺乏竞争力导

致的，相反，更多时候企业内产品转换行为是企业的主动选择，有利于在企业内部实现资源优化配置。表 5－8 和表 5－9 中的回归结果表述的是行业、企业以及产品特征与企业产品转换行为之间的一种均衡关系。产品转换是企业的自选择行为，因此企业生产的产品种类和数量并不是一个随机决策，企业确定了当期的产品组合必然还会反馈，从而影响下一期的企业生产率、盈利能力等企业特征。

5.4.2 产品转换行为的经济后果

企业产品转换行为与企业生产率、盈利能力、资源配置和战略选择密切相关，无论是应对外部冲击，还是企业自我创新，产品转换行为的本质是通过优化企业内部资源配置效率，调整产品范围来降低产品间的替代弹性以获得更高的成本加成，从而实现更高的利润率。本部分通过 OLS 回归，观察这四种互斥的产品转换行为对企业总产出、企业规模、全要素生产率和盈利能力的影响，因变量采用滞后一期数据，其中对照组为既不增加产品也不减少产品的 None 组。企业产出、企业全要素生产率、盈利能力反映了产品转换行为的直接影响，企业规模反映了对劳动力要素市场的重置，生产率高的企业因扩张产品范围会吸引更多的劳动力就业并提高行业平均工资水平，会对生产率低的企业产生要素价格冲击。

从表 5－10 的结果可以看到，出口企业增加产品（Addonly）和两者都有（Both）的产品转换行为，相对于对照组 None，会显著提高企业的总产出、企业规模、企业全要素生产率、盈利能力以及产出增长率，并且增加产品（Addonly）的企业相比两者都有（Both）的企业具有更好的绩效表现。放弃产品（Droponly）的产品转换行为相比对照组 None，企业各方面绩效表现都不尽如人意。值得注意的是，增加产品（Addonly）和放弃产品（Droponly）的盈利能力与对照组 None 没有显著差异。回归结果验证了中国案例符合多产品企业贸易理论，生产率高的企业能够承担开发新产品的沉没成本，并通过产品转换实现企业资源优化配置，从而实现更高的产出和利润。生产率低的企业面对出口市场的激烈竞争（Melitz，2003）和垄断竞

争情形下较少的成本加成（Melitz and Ottaviano，2008），以及被抬高的要素价格，只能通过放弃边缘产品，把资源集中到核心竞争力产品上来，尽量减少利润损失。新产品的沉没成本和边缘产品的低成本加成可能解释了增加产品（Addonly）和放弃产品（Droponly）在盈利能力上与对照组 None 没有显著差异的缘由。这也说明了在中国出口企业中，两者都有（Both）的企业更具灵活性，创新能力更强，能够获得更高的成本加成，实现企业盈利的有效增长。

此外，通过与现有文献中其他国家实证结果相比较，例如 Nardis 等（2008）发现意大利出口企业减少出口产品种类（Droponly）会显著提升企业产出和生产率，但对就业规模没有显著影响；仅增加产品（Addonly）对企业绩效指标均无显著影响；同时增减出口产品种类（Both）会促进企业产出、生产率以及企业规模。Zahler 和 Alvarez（2014）对智利出口企业的研究发现，企业仅新增产品（Addonly）和同时增减产品（Both）对企业生产率具有显著的促进作用。由于各国企业的生产率分布、面临的消费者需求函数以及企业自由进入市场等假设不尽相同，出口企业产品转换行为对企业绩效的影响在不同国家存在显著差异。

表 5-10　　产品转换与企业表现

	总产出	企业规模	TFP	盈利能力	产出增长率
Both	0.022***	0.031***	0.016***	0.002***	0.003***
	(0.004)	(0.004)	(0.005)	(0.002)	(0.001)
Addonly	0.067***	0.048***	0.061***	0.010	0.005***
	(0.006)	(0.005)	(0.006)	(0.003)	(0.001)
Droponly	−0.038***	−0.008***	−0.041***	−0.001	−0.002***
	(0.006)	(0.005)	(0.006)	(0.003)	(0.001)
样本量	79 177	79 177	79 177	79 177	79 177

注：对照组为既不增加产品也不减少产品的 None 组。

5.5　结论与政策建议

本部分阐述了多产品企业贸易理论的演进，该理论基于国际贸易中多产品出口企业普遍存在的事实，放松了 Melitz（2003）企业异质性贸易理论的单一产品企业假定，改进了贸易理论的关注层次，说明了企业内部产品组合的调整对企业实现资源优化配置与生产率提高的重要性。

本部分基于 Bernard 等（2011）的多产品出口企业的内生产品选择分析框架，整合了 2000—2005 年中国工业企业数据库和中国海关进出口统计数据库，从企业、产品以及企业—产品层面对多产品企业及其产品转换行为进行描述、分析与检验。研究发现，多产品企业是中国出口企业的主导力量，占全部样本企业数量的 75%以上，产出达到全部样本企业产出的 80%以上，平均每个多产品企业生产超过 7 个产品。多产品企业相对于单一产品企业具有更好的绩效表现，这与 Bernard 等（2011）的理论模型相符，只有生产率足够高的企业才有能力承担多产品、跨行业、跨部门的生产成本，同时也与 Bernard 等（2010）、Goldberg 等（2010）、Adalet（2005）、Moxnes 和 Ulltveit-Moe（2010）关于美国、印度、新西兰、挪威的实证结果一致。多产品企业内的产品转换行为相当频繁。超过 88%的样本企业都存在出口产品转换行为，近 60%的产出都与企业的进入或退出行为以及产品转换行为有关。

本部分考察了行业、企业、产品特征对企业产品范围及企业产品转换行为的影响。结果显示，企业全要素生产率、资本密集度、盈利能力与企业产品范围呈正向关系，企业规模、企业年龄、行业竞争程度与企业产品范围呈负向关系。行业、企业、产品特征对企业产品转换行为的影响更加复杂，验证了产品层面波动远大于企业层面。行业竞争越激烈，企业的产品转换行为越复杂，可能的解释是，激烈竞争的行业通常产品技术水平相当，企业成本加成也比较小，企业往往通过水平差异化适应消费者需求的变化。生产率最高的企业在优化企业资源配置的过程中具有更高的灵活性，可以同时增减产品种类。规模越大的企业，往往采取削减利润率不高的边缘产品，向核心产品转移的方式来面对随机冲击。企业存续期越长，其产品与出口市场的消费者需求越贴合，倾向于保持现有产品组合。盈利能力强的企业能够承担新增产品的固定成本。资本密集度决定

了企业调整产品线的成本太高，倾向于增加产品或者保持现有产品组合。产品规模和产品存续与产品失败呈现负向关系。产品规模越大，产品存续期越久，说明出口市场对该产品的需求偏好越大，企业会选择保留生产该产品。产品转换伴随着可观测到的企业规模和绩效的改变。出口企业增加产品种类，或者同时增减产品种类，相对于保持现有产品组合，会显著提高企业的总产出、企业规模、企业全要素生产率、盈利能力以及产出增长率。放弃产品的转换行为对企业绩效产生负面影响。对比现有实证文献，可推断出由于各国企业的生产率分布、面临的消费者需求函数以及企业自由进入市场等假设不尽相同，出口企业产品转换行为对企业绩效的影响在不同国家存在显著差异。

多产品异质性理论研究除了学术价值以外，还蕴含着非常丰富的政策含义，给政府和企业如何通过资源优化配置提升竞争力，实现企业内资源乃至社会资源的更优配置提供了一定的政策借鉴。企业的产品转换行为是政策执行的最终着力点，政府应当更精确地跟踪部门、行业、企业、企业内产品种类的动态变化趋势，对于战略性产品，政府应当出台相关政策帮助企业降低产品转换成本投入，包括降低更替新旧产品线的成本、处理旧产品的存货积压、给予高精尖产品补贴等，从而更好地应对可能的外部市场冲击造成的企业利润下滑、就业困难和社会稳定压力等问题，让企业在有利可图的情况下投入到战略性产业的创新研发上来，实现向制造强国和贸易强国的转变。

参考文献

Adalet M. “Multi-product Exporters and Product Switching Behaviour of New Zealand Firms”. The 49th Annual Conference of the New Zealand Association of Economists, Treasury: 1080864v1, 2008.

Alvarez R, Zahler A. “Export Mix Changes and Firm Performance Evidence from Chile”. IDB Working Paper Series (Integration and Trade Sector), IDB-

WP-505，2014.

Amiti M，Freund C. “The Anatomy of China’s Export Growth”. China’s Growing Role in World Trade. University of Chicago Press，2010.

Arkolakis C，Muendler，M. A. “The Extensive Margin of Exporting Products：A Firm-level Analysis”. National Bureau of Economic Research，No. w16641，2010.

Arkolakis C，Papageorgiou T，Timoshenko O. “Firm Learning and Growth”. Working Paper，Yale，2014.

Baldwin J，Gu W. “Plant Turnover and Productivity Growth in Canadian Manufacturing”. Industrial and Corporate Change，2006，15（3）：417－465.

Baldwin J，Gu W. “The Impact of Trade on Plant Scale，Production-run Length and Diversification”. Producer Dynamics：New Evidence from Micro Data. University of Chicago Press，2009.

Brambilla I. “Multinationals，Technology，and the Introduction of Varieties of Goods”. Journal of International Economics，2009，79（1）：89－101.

Bernard A B，Redding S J，Schott P K. “Comparative Advantage and Heterogeneous Firms”. The Review of Economic Studies，2007，74（1）：31－66.

Bernard A B，Redding S J，Schott P K. “Multiple-product Firms and Product Switching”. The American Economic Review，2010，100（1）：70－97.

Bernard A B，Jensen J B，Redding S J，Schott P K. “The Empirics of Firm Heterogeneity and International Trade”. National Bureau of Economic Research，No. w17627，2011.

De Nardis S，Pappalardo C，Vicarelli C. “The Euro Adoption’s Impact on Extensive and Intensive Margins of Trade：the Italian Case”. Available at SSRN 1155077，2008.

Eckel C，Neary J P. “Multi-product Firms and Flexible Manufacturing in the Global Economy”. The Review of Economic Studies，2010，77（1）：188－217.

Ericson R，Pakes A. “Markov-perfect Industry Dynamics：A Framework for Empirical Work”. The Review of Economic Studies，1995，62（1）：53－82.

Feenstra R C，Kee H L. “Trade Liberalisation and Export Variety：A Comparison of Mexico and China”. The World Economy，2007，30（1）：5－21.

Goldberg P K，Khandelwal A K，Pavcnik N，Topalova P. “Multiproduct Firms and Product Turnover in the Developing World：Evidence from India”. The Review of Economics and Statistics，2010，92（4）：1042－1049.

Helpman E，Krugman P R. Market Structure and Foreign Trade：Increasing Returns，Imperfect Competition，and the International Economy. MIT Press，1985.

Hopenhayn H A. "Entry，Exit，and Firm Dynamics in Long Run Equilibrium". Econometrica：Journal of the Econometric Society，1992：1127-1150.

Jovanovic B. "Selection and the Evolution of Industry". Econometrica：Journal of the Econometric Society，1982：649-670.

Krugman P R. "Increasing Returns，Monopolistic Competition，and International Trade". Journal of International Economics，1979，9（4）：469-479.

Krugman P R. Strategic Trade Policy and the New International Economics. MIT Press，1986.

Ma Y，Tang H，Zhang Y. "Factor Intensity，Product Switching，and Productivity：Evidence from Chinese Exporters". Journal of International Economics，2014，92（2）：349-362.

Manova K. "Credit Constraints，Heterogeneous Firms，and International Trade". The Review of Economic Studies，2013，80（2）：711-744.

Manova K，Zhang Z. "China's Exporters and Importers：Firms，Products and Trade Partners". National Bureau of Economic Research，No. w15249，2009.

Mayer T，Melitz M J，Ottaviano G I P. "Market Size，Competition，and the Product Mix of Exporters". The American Economic Review，2014，104（2）：495-536.

Melitz M J. "The Impact of Trade on Intra - industry Reallocations and Aggregate Industry Productivity". Econometrica，2003，71（6）：1695-1725.

Melitz M J，Ottaviano G I P. "Market Size，Trade，and Productivity". The Review of Economic Studies，2008，75（1）：295-316.

Moxnes A，Ulltveit-Moe K H. "Product Adjustments：A Firm-level Analysis of the Impact of a Real Exchange Rate Shock". Available at SSRN 1640999，2010.

Nocke V，Yeaple S. "Globalization and Endogenous Firm Scope". National Bureau of Economic Research，No. w12322，2006.

Nocke V，Yeaple S. "Globalization and Multiproduct Firms". International Economic Review，2014，55（4）：993-1018.

Olley G S，Pakes A. "The Dynamics of Productivity in the Telecommunications Equipment Industry". Econometrica，1996，64（6）：1263-1297.

Ottaviano G I P，Tabuchi T，Thisse J F. "Agglomeration and Trade Revisited" . International Economic Review，2002，43（2）：409－436.

聂辉华，贾瑞雪．中国制造业企业生产率与资源误置．世界经济，2011（7）．

彭国华，夏帆．中国多产品出口企业的二元边际及核心产品研究．世界经济，2013（2）．

钱学锋．企业异质性、贸易成本与中国出口增长的二元边际．管理世界，2008（9）．

钱学锋，熊平．中国出口增长的二元边际及其因素决定．经济研究，2010（1）．

钱学锋，王胜，陈勇兵．中国的多产品出口企业及其产品范围：事实与解释．管理世界，2013（1）．

施炳展．中国出口增长的三元边际．经济学：季刊，2010，9（4）．

易靖韬，乌云其其克．中国贸易扩张的二元边际结构及其影响因素研究．国际贸易问题，2013（10）．

第6章

多产品出口企业：生产率与产品范围

6.1 引言

无论是发展中国家还是发达国家，多产品出口企业在国际贸易中都具有非常重要的作用（Bernard et al.，2011；Nocke and Yeaple，2014；Arkolakis et al.，2015）。近些年来，越来越多的学者开始突破以 Melitz（2003）为代表的异质企业理论对于单一产品假设的局限性，转向研究多产品企业的出口行为。早期有代表性的关于多产品企业的研究出现在产业组织的研究中，比如 Brander 和 Eaton（1984）。国际贸易领域开创性的研究可以追溯到 Helpman（1985）关于跨国企业扩大产品范围的研究。此后，异质性多产品企业的贸易模型开启了国际贸易研究新的篇章。研究表明，多产品企业框架下的企业出口行为和企业绩效与单一产品企业存在显著差异。在单一产品企业的模型中，企业应对外部环境的变化主要依赖于单一产品规模的调整，产品多样化则是通过市场上的企业数量来体现（Eckel and Neary，2010）。在多产品企业的模型中，企业的出口行为已不再局限于企业的进入或退出及企业出口规模的调整，还可通过调整其出口产品范围—价格和质量等来应对外生的国际环境变化（Feenstra and Ma，2007；Bernard et al.，2010；Sheu，2014）。Bernard 等（2011）基于 Melitz（2003）的模型扩展，引入贸易成本和多个国家的开放经济，从而得到了完整的基于常替代弹性（CES）扩展的多产品异质性企业模型。多产品企业的贸易研究表明，贸易开放所带来的行业平均生产率的提高不仅来源于市场进入和退出所形成的企业间的资源配置效应（inter-firm reallocation），而且来源于企业对自身产品范围进行重新调整所产生的企业内资源配置效应（intra-firm reallocation）①。因此，开放竞争的压力不仅会带来产业内企业间资源优化配置，而且能引起企业内资源的优化配置（Iacovone and Javorcik，2010；Bernard et al.，2011；Mayer et al.，2011；Qiu and Zhou，2013）。

资源优化配置一直是经济学关注的核心话题（Bernard et al.，2010）。研究企业如何在有限资源的情况下选择最优的产品组合成为近年来贸易理论关注的焦点。基于多产品企业贸易模型，学者开始关注多产品企业产品范围的内生决定及其相关影响因素。文献中异质性多产品企业贸易模型关于产品范围的影响因素主要涉及企业的生产率、企业能力和市场势力等因素。Feenstra 和 Ma（2007）构建一个基于 CES 偏好的多产品企业垄断竞争模型，他们的研究表明企业的产品范围由市场规模、生产率以及市场势力决定。Eckel 和 Neary（2010）基于多产品企业寡头竞争模型的研究提出，企业的产品范围主要由两个因素决定：一是成本因素，企业会关注其具有核心优势（core competence）的产品，放弃高边际成本的产品；二是

① 产品范围的选择包括增加或减少产品种类、培养核心产品、选择高贡献度产品等。

市场因素，企业会缩小产品范围来应对市场竞争的压力。Bernard 等（2010）研究发现企业的全要素生产率和产品特定竞争力共同决定产品范围。Bernard 等（2011）通过构建多产品企业垄断竞争模型一般均衡发现，体现特定的企业能力和产品专业知识的企业生产率内生决定了企业的产品范围。Qiu 和 Zhou（2013）认为产品范围的选择由企业的生产率、产品引入成本的特性以及企业所处的全球化阶段决定。然而在诸多影响因素中生产率被认为是影响产品范围最重要的因素之一。Mayer 等（2014）的研究认为市场竞争使得企业在选择产品时向核心竞争力的产品倾斜，此时生产率的提高会导致产品范围缩小。Bernard 等（2010）研究发现生产率受到正的冲击时，企业生产的每一个产品种类的盈利越多，产品范围会扩大。Bernard 等（2011）的研究认为较高的企业能力能够提高企业每个产品的生产率和盈利能力，从而高生产率的企业可以通过更大的产品范围获得收益。Qiu 和 Zhou（2013）的研究虽然认同高生产率的企业会扩大产品范围，但他们提出由于存在产品引入成本，企业平均成本随着产品范围的扩大而增加，因此高生产率企业在全球化过程中会缩小产品范围来获得更大利润。由此可见，企业的生产率与产品范围的关系并没有一致结论。因此，研究生产率与产品范围的线性关系也许并不能充分解释多产品出口企业的多样化和专业化生产行为。

丰富的国外文献为我们理解产品范围的内生决定因素提供了多维度的分析视角，但采用中国数据研究生产率与产品范围之间的关系并没有深入全面的理论与实证探讨。很大部分文献集中于产品范围的影响因素。Brambilla（2009）研究发现我国的外资企业对于企业的生产率和技术创新影响重大，因此外资企业相比于本国企业平均引入更多的新产品种类。Soderbom 和 Weng（2012）利用中国数据的研究认为企业产品范围的调整受企业特征、市场条件等因素的影响。钱学峰等（2013）刻画了中国多产品出口企业及其产品范围的特征性事实，揭示了影响企业产品范围的影响因素包括生产率、企业所有权性质以及目的国等。关于生产率对产品范围影响的文献着重研究生产率与产品范围的线性关系。彭国华和夏帆（2013）的研究发现企业生产率的提高可同时增加企业的集约边际和扩展边际。

邱斌和许志新（2013）研究发现我国的出口产品多样性与生产率大致上呈现负相关性。总的说来，研究中国的多产品企业的生产率对出口产品范围内生决定的文献并不丰富，缺乏深入的理论分析。

随着对外开放不断深入，我国成为全球第一的货物贸易大国和主要对外投资大国。我国的出口对于全球经济的依赖很强，那么集约边际（intensive margin，即出口产品的数量）极易遭受外部市场冲击，还有可能导致贸易条件恶化，出现贫困化增长现象。理论和实践表明扩展边际（extensive margin，即出口产品的种类）不仅可以改善贸易结构，还可以提高贸易利得（易靖韬和乌云其其克，2013）。“十三五”规划中提出“加快对外贸易优化升级，从外贸大国迈向贸易强国”，如何提高出口企业的内部资源配置效率以获得可持续发展从而使得出口贸易关系能够持续稳定已经成为当前亟须解决的重要研究课题。根据 2000—2005 年海关数据库统计，我国 75%的出口企业为多产品企业，且多产品企业出口额占总出口额的 90%以上；出口企业平均产品范围是 15 个，剔除纯贸易商（中间商）后，平均出口产品范围为 6 个左右。因此，本文借助于多产品企业贸易理论模型和中国微观企业数据对多产品出口企业在产品范围选择问题及其资源配置效应方面进行研究具有重要的理论价值和实践意义。

本研究沿用垄断竞争假设，参照 Melitz（2003）、Feenstra 和 Ma（2007），以及 Melitz 和 Ottaviano（2008）的多产品异质企业贸易模型来构建模型。根据对每个产品种类的利润和产品之间的蚕食效应的均衡，可以从理论上推断出多产品企业的最优产品范围选择，最终可以得出企业的最优产品范围与该企业的生产率和市场份额呈现倒 U 形关系的结论。市场中，生产和销售最多产品种类的是有中等生产率和中等市场份额的企业。随着市场份额的扩大以及企业生产率的提高，企业会更倾向于将资源集中于具有优势的产品上，从而实现专业化生产。我们运用 2000—2005 年中国工业企业数据库与海关数据匹配得到的数据库对上述理论模型进行检验，实证结果进一步验证了我们的理论预测。与现有文献相比，本研究的学术贡献主要体现在以下两个方面：第一，在拓展现有的多产品企业贸易模

型的基础上，利用垄断竞争 CES 模型分析开放经济体中企业的市场份额与生产率对产品范围的作用机理，对国际贸易的研究做了理论上的补充；第二，利用滞后期的自变量有效解决了该领域在实证研究中较为突出的生产率与产品范围的内生性问题，即产品范围的选择受到生产率的影响同时进一步影响企业生产率。本部分接下来的内容安排如下：6.2 节构建理论模型和提出研究假设；6.3 节讨论数据和研究方法；6.4 节进行实证结果分析；6.5 节总结全文并提出相应的政策建议。

6.2　理论与假设

6.2.1　模型设定

1. 消费者需求

经济体中有 L 单位消费者，每单位消费者有一单位劳动，他们的效用函数为：

$$U = x_0 + \rho \ln(X) \tag{6-1}$$

式中，x_0 为其他商品，被视为常数；ρ 为每单位消费者在 X 上的花费[①]（$\rho<1$）；X 为水平差异的产品的消费指数。垄断竞争模型中，我们沿用 Dixit 和 Stiglitz（1977）的标准形式，连续的商品种类消费指数 X 的假定通常是常替代弹性（CES）的：

$$X = \left[\int_0^N x(i)^{\frac{\beta-1}{\beta}} di\right]^{\frac{\beta}{\beta-1}} \tag{6-2}$$

式中，$x(i)$ 为种类 i 的消费数量；β 为各种类产品的替代弹性（$\beta>1$）；N 为市场中的产品种类数。我们假定每个企业 $g=1$，…，K 会生产 N_g（>0）种类的产品。为保证连续性，我们假定企业 1 生产第一部分的 N_1 个种类，企业 2 生产接下来的 N_2 个种类，如此类推。因

① 推导过程见附录 6A.1。

此，市场上产品种类的总数可以设定为 $N=\sum_{g=1}^{K}N_g$，那么消费指数 X 可以表示为：

$$X=\left[\int_0^{N_1}x(i)^{\frac{\beta-1}{\beta}}di+\int_N^{N_1+N_2}x(i)^{\frac{\beta-1}{\beta}}di+\cdots+\int_{N-N_K}^{N}x(i)^{\frac{\beta-1}{\beta}}di\right]^{\frac{\beta}{\beta-1}} \tag{6-3}$$

假定生产一单位产出需要付出一单位劳动，即工资率 $w=1$。在典型的预算约束下实现效用最大化，可以得到在部门内差异化的每个种类都有相似的需求函数[①]：

$$x(i)=\frac{\beta}{P^{1-\beta}}p(i)^{-\beta} \tag{6-4}$$

式中，$B=\rho L$ 为市场的总支出；P 为价格指数[②]：

$$P\left[\int_0^{N_1}p(i)^{1-\beta}di+\int_N^{N_1+N_2}p(i)^{1-\beta}di+\cdots+\int_{N-N_K}^{N}p(i)^{1-\beta}di\right]^{\frac{1}{1-\beta}} \tag{6-5}$$

每个企业为其所有种类 N_g 中的产品 i 选择不同的价格 $p(i)$。为简便计算，我们假定每个企业在其自有的种类之间有相同的边际成本，并因而以相同的价格销售。设定 $p_g=p(i)$ 为企业 g 的 N_g 种类的产品价格，因此，加总价格指数可以改写为：

$$P=\left[\int_0^{N_1}x(i)^{1-\beta}di+\int_N^{N_1+N_2}x(i)^{1-\beta}di+\cdots+\int_{N-N_K}^{N}x(i)^{1-\beta}di\right]^{\frac{1}{1-\beta}}$$
$$=\left(\sum_{g=1}^{K}N_g p_g^{1-\beta}\right)^{\frac{1}{1-\beta}} \tag{6-6}$$

为提高模型的解释力，与经典的 CES 效用函数模型[③]不同的是，我们修正了模型中 CES 模型中价格指数恒定的假设（Feenstra and Ma，2007；Eckel and Neary，2010），从而将利润和产品种类的内生问题和企业内的蚕食效应考虑在模型中。

---

① 推导过程见附录 6A.2。

② 价格指数的定义详见 Dixit 和 Stiglitz（1977）。

③ 经典的 CES 效用假设的优势在于固定了垄断竞争厂商的价格加成，使得成本下降的福利能够完全由消费者获得，从而简化了模型参数，体现了消费者多样性偏好，利润恒定（即价格指数恒定），使得模型易解。Melitz（2003）模型继承了 Krugman（1979）垄断竞争企业的 CES 假设。因为利润恒定，模型中的多产品企业内不会出现蚕食效应（Allanson and Montagna，2005；Brambilla，2009），但这并不能很好地刻画多产品企业的生产决策行为。在本模型中，我们放松了价格指数恒定的假定。

结合式（6-4）和式（6-6），可求得企业 g 的产品市场份额为：

$$s_g = \frac{N_g x_g p_g}{\sum_{i=1}^{K} N_i x_i p_i} = \frac{N_g p_g^{1-\beta}}{\sum_{i=1}^{K} N_i p_i^{1-\beta}} \qquad (6-7)$$

因此，企业改变自己的产品价格 p_g 将会影响到加总的价格指数 P 和市场份额。那么企业 g 的每个产品种类的需求价格弹性为①：

$$\varepsilon = \frac{\partial x_g}{\partial p_g}\frac{p_g}{x_g} = -[(1-\beta)s_g + \beta] \qquad (6-8)$$

由此可知，产品的需求价格弹性受产品的替代弹性的影响。企业所面临的需求弹性实际上是比替代弹性要小的。市场份额越大的企业将面临更小的需求弹性。②

2. 异质企业生产

均衡条件下，企业是通过选择其最优价格 p_g 和最优产品范围 N_g 来获得利润最大化：

$$\max_{(p_g, N_g)\geqslant 0} R_g = N_g x_g (p_g - c_g) - (k_0 + k_1 N_g) \qquad (6-9)$$

式中，N_g 为企业 g 生产的产品种类；x_g 为每个产品种类的需求；p_g 为产品价格；k_0 为企业生产的固定成本；k_1 为增加生产一个产品种类的边际固定成本；c_g 为企业 g 生产该品种的边际成本。与 Melitz (2003) 相同，我们假定企业生产产品的边际成本是异质的。我们假定企业的生产率 $\omega=1/c$ 是满足帕累托分布的，范围取值 $[1/c^{\max}, \infty)$，形态参数为 γ。因此，边际成本 c 的函数表达式为 $F(c) = (c/c^{\max}, \infty)^{\gamma}$，其中，$c^{\max}$是最高的边际成本。拥有高成本的企业将不会盈利，因此并不是所有企业都是在市场中持续存活。

经计算可求出式（6-9）的最大化一阶条件，将需求价格弹性表达式（6-8）代入，则有企业最优的价格选择为③：

$$p_g = \left[1 - \frac{1}{1+\varepsilon}\right]c_g = \left[1 + \frac{1}{(\beta-1)(1-s_g)}\right]c_g \qquad (6-10)$$

---

① 推导过程见附录 6A. 3。

② 由于 $\beta > 1$，$s_g \in (0,1]$，那么市场份额越大，ε 越大，ε 绝对值越小。需求价格弹性为负值，一般而言，比较需求价格弹性的大小时皆比较其绝对值大小。因此，可以说市场份额越大的企业将面临更小的需求价格弹性。

③ 推导过程见附录 6A. 4。

由式（6－10）可以看出，需求弹性 ε 和利润率 $\left|\frac{1}{1+\varepsilon}\right|$ 是内生决定的。正如式（6－8）和式（6－10）所示，拥有较大市场份额的企业会面临较小的需求弹性，因此可以获得更高的利润[①]。

基于式（6－9）式对产品种类 N_g 求导并取值为 0，可得[②]：

$$x_g(p_g-c_g)-s_gx_g(p_g-c_g)\begin{cases}=k_1,\ N_g>0\\ \leqslant k_1,\ N_g=0\end{cases} \tag{6-11}$$

式（6－11）左边的第一项代表的是增加一个产品种类的边际收益，第二项代表的是增加这个产品种类会减少企业中其他产品的需求。从式（6－11）可以看出，企业所有产品的市场份额越大，蚕食效应就越严重。此外，企业的净收益受增加产品种类的边际成本的影响。对于生产率低的企业，它的净收益不能覆盖其增加产品种类的边际成本，因此，我们可以认为这些生产率低的企业不会生产任何产品（如式（6－11）等号右边第二行所示）。

结合式（6－7）、式（6－10）、式（6－11），可以求得企业在获得利润最大化时的最优产品种类[③]：

$$N_g=\left[\frac{s_g(1-s_g)}{\beta-(\beta-1)s_g}\right]\frac{B}{k_1} \tag{6-12}$$

结合式（6－8）、式（6－10）、式（6－11）、式（6－12）可知，我们放宽了经典 CES 条件下价格指数（式（6－5））恒定的假定，并由此推出企业的市场份额、产品范围、利润率都是内生决定的。

3. 出口市场

我们可以将以上封闭经济体的模型延伸至开放经济体的模型。通过国际贸易，一系列的开放经济体可以被视为一个整体（Melitz

---

① 垄断竞争市场中企业的利润最大化一阶条件可以表示为 $c=\left(1+\frac{1}{\varepsilon}\right)p$。式中，$c$ 为边际成本；p 为产品价格；ε 为需求价格弹性，则有 $p=\left(1-\frac{1}{1+\varepsilon}\right)c$。垄断企业总是在需求曲线具有弹性处生产，因此垄断企业的需求弹性为 $|\varepsilon|>1$ 的负数。因此，企业的边际成本加成率可以表示为 $\left|\frac{1}{1+\varepsilon}\right|$。于是，越小的需求弹性可以获得更高的利润。

② 推导过程见附录 6A.5。

③ 推导过程见附录 6A.6。

and Ottaviano，2008)。Krugman (1979) 将开放经济体中企业的商品视为在两个相同的国家（本国和外国）销售，即国内市场与国际市场具有对称性。根据 Krugman (1979)、Melitz 和 Ottaviano (2008) 的研究，封闭经济体向开放经济体的扩展可以理解为市场规模的扩大。

开放经济体中，企业面临两个对称的市场，本国为 D，外国为 F，各有 L^D 和 L^F 的消费者，它们拥有相同的需求弹性。尽管企业可以在其中一个市场生产而在另一个市场销售，但我们假定两个市场是分隔的，因此会存在出口的贸易成本 τ（即贸易的冰山成本 (iceberg cost))。那么两个市场的成本的关系可以表示为：

$$c_g^F = \tau c_g^D, \tau > 1 \tag{6-13}$$

因此，国内和国外两个市场的差异就体现在两个方面：市场规模 L 和出口的贸易成本 τ。那么开放经济体可以通过以上差异来做进一步延伸，模型的均衡在于出口市场的利润最大化，则有

国外市场的市场支出为：

$$B^F = \rho L^F = \sum_{g=1}^{K^F} N_g^F x_g^F p_g^F \tag{6-14a}$$

$$s_g^F = \frac{N_g^F x_g^F p_g^F}{\sum_{i=1}^{K^F} N_i^F x_i^F p_i^F} = \frac{N_g^F (p_g^F)^{1-\beta}}{\sum_{i=1}^{K^F} N_i^F (p_i^F)^{1-\beta}} \tag{6-14b}$$

出口市场的利润可以由式 (6-9) 改写为[①]：

$$\max_{(p_g, N_g) \geqslant 0} R_g^F = N_g^F x_g^F (p_g^F - \tau c_g) - k_1 N_g^F \tag{6-15}$$

出口市场的最优价格选择为：

$$p_g^F = \left[1 + \frac{1}{(\beta - 1)(1 - s_g^F)}\right] \tau c_g \tag{6-16}$$

最优的出口产品种类选择为：

$$N_g = \left[\frac{s_g^F (1 - s_g^F)}{\beta - (\beta - 1) s_g^F}\right] \frac{B^F}{k_1} \tag{6-17}$$

6.2.2 研究假设

假设市场规模（即市场支出 B）以及生产的边际成本（即增加

---

① 值得注意的是，这里没有生产的固定成本 k_0，因 k_0 已在国内市场的利润中计算。

生产一个产品种类的边际固定成本 k_1）恒定，我们可以求出产品种类与企业所占市场份额之间的关系。对式（6－17）求导，可得当出口产品种类取得最大值时的市场份额为①：

$$s_n^F=\frac{\sqrt{\beta}}{1+\sqrt{\beta}} \tag{6-18}$$

由于在垄断竞争市场中产品的替代弹性 $\beta>1$，那么在产品种类取得最大值时的市场份额 s_n 的取值范围是（0，1），每个企业的市场份额 s_g^F 的取值范围是（0，1]，因此 s_n^F 是唯一的极大值点。那么，企业所选择的出口产品种类数与其市场份额在取值范围内是倒 U 形关系。

首先，对于市场份额较低的企业而言，每增加一个产品种类都会带来净收益，此时市场份额较小，蚕食效应并不明显，因此积极拓展其产品范围会带来更高的收益。其次，随着产品种类的增加和市场份额的扩大，蚕食效应逐渐扩大影响（式（6－11）），增加一个产品种类所导致的净收益无法弥补引入此新产品对原来产品市场挤压所导致的收益减少，反而减少企业收益，因此企业并没有动力去引入新产品，而是继续维持原有产品范围。最后，企业需要发展与扩张，当企业的市场份额不断扩大时，现有产品范围内的产品之间也会产生蚕食效应，因此企业会集中资源生产经济效益高的产品而放弃经济效益低的产品（Bernard et al.，2011），从而缩小产品范围，达到利润最大化。因此，我们提出研究假设1：企业在获得利润最大化时所选择的出口产品种类与其市场份额呈倒 U 形关系。

结合式（6－4）～式（6－10）和式（6－12），我们可以得到：

$$c_g=P\left[\frac{1}{(\beta-1)(1-s_g)}+1\right]^{\beta(1-\beta)}\left[\frac{B}{(\beta-1)k_1}\right]^{(1/(\beta-1))\tau^{-1}} \tag{6-19}$$

假定有企业 $g=0$ 赚取零利润并且产品种类和市场份额都为零（即 $U_0=0$，$s_0=0$，$N_0=0$），则有

① 令 $f'(s)=\frac{\partial N_g}{\partial s_g}$，当 $0<s_g<s_n$ 时，$f'(s)>0$；当 $s_n<s_g\leqslant 1$ 时，$f'(s)<0$，则 s_n 为唯一极大值点。详细推导过程附录 6A.7，论证该极值点为唯一的极大值点。

$$c_0 = P\left(\frac{1}{\beta-1}+1\right)^{\beta(1-\beta)}\left[\frac{B}{(\beta-1)k_1}\right]^{1(\beta-1)\tau^{-1}} \tag{6-20}$$

式（6－20）给出了在市场上持续生产的企业的底线边际成本值。由式（6－19）、式（6－20）可得

$$\frac{c_0}{c_g} = \left(\frac{1+\dfrac{1}{\beta-1}}{\dfrac{1}{(\beta-1)(1-s_g)}+1}\right)^{\beta(1-\beta)} \tag{6-21}$$

设 $\upsilon_g=\omega_g/\omega_0=c_0/c_g$ 为企业的相对生产率比率，高的 υ 代表着高的生产率。可以将式（6－21）转化为：

$$s_g(\upsilon_g) = 1-\frac{1}{1+\beta(\upsilon_g^{(\beta-1)/\beta}-1)} \tag{6-22}$$

在市场中存活且继续生产的企业的相对生产率比率 $\upsilon_g>1$，又 $\beta>1$，显然，$s_g(\upsilon_g)>0$。

生产率越高，企业可以获得更大的回报，因为更有动力开拓市场获得更高的市场份额。因此，我们提出研究假设 2：生产率越高的企业拥有越高的出口市场份额。

将式（6－22）代入式（6－18），可求得企业在取得产品种类最大值时对应的相对生产率为：

$$\upsilon_n = \left(1+\frac{1}{\sqrt{\beta}}\right)^{\frac{\beta}{\beta-1}} \tag{6-23}$$

式中，υ_n 为产品种类取得最大值时的极值点。由于 $\beta>1$ 和 $\upsilon_g>1$，同理可得，υ_n 是 $[1,\infty)$ 范围内的唯一极大值点。同样，企业所选择的出口产品种类与其生产率在取值范围内是倒 U 形关系。

由于生产率的提升会导致市场份额的增加，考虑到市场份额扩大所带来的蚕食效应，当生产率提高到一定程度时企业扩大产品范围的动力下降。生产率不断提高意味着企业的技术能力和创新水平有了显著提升。若是企业仍将资源放在开拓产品范围上，反而分散了资源，并不能获得利润最大化。在生产率较高时，企业会选择缩小产品范围，选择其有优势的产品继续专业化生产。因此，我们提出研究假设 3：企业在获得利润最大化时所选择的出口产品种类与其生产率呈倒 U 形关系。

6.3 计量模型

6.3.1 数据描述

本研究的数据来源包括工业企业数据库和海关数据库。其中，工业企业数据库由国家统计局在全国范围内统一收集，每个观测值包含了详细的统计指标，如生产、销售、成本、劳动等多种年度数据指标；海关数据库是由海关总署每月统计产生的以企业和 HS-8①代码为分类基础的各项进出口数量、金额、运输方式、出口目的地和企业基本信息。

首先，将海关数据库与工业企业数据库进行匹配。先把海关数据库的月度数据汇总成年度数据，然后将工业企业数据库中的法人名称和海关数据库中的企业名称相匹配，匹配后的数据库包含了企业层面的生产和财务信息，也包含了企业产品的出口价格与数量等信息。同时出现在海关数据库和工业企业数据库中的企业即工业企业②，因此我们的样本选择符合理论模型所设定的研究对象是生产企业的假设。

此外，还对数据进行相关处理。首先，与现有文献一样，剔除了以下观测样本：（1）主要变量缺失或者小于 0 和雇员少于 10 人的企业；（2）不符合一般会计准则的企业。其次，我们在数据处理过程中对主要变量进行了价格指数平减。考虑物价差异，以 2000 年为基期，采用《中国统计年鉴》中各省工业品出厂价格指数对工业增加值进行价格平减，采用各省的固定资产投资价格指数对资本进行价格平减，采用原材料价格指数对中间品投入进行价格平减。最后，由于中国海关数据库中产品的出口值单位为美元而中国工业企业数

① HS-8 为 8 位国际 HS 编码，该编码将产品分为 22 个大类，大类下分 98 章，章下再分为目和子目。

② 工业企业是生产和销售的主体，与之相对的是没有生产行为的贸易中间商。

据库中工业产值等变量单位为人民币，采用 2000—2005 年人民币兑美元的汇率数据对出口额、产值等变量进行换算。

表 6-1 是对数据库 2005 年样本的描述统计。[①] 第 2～3 列显示，只出口一种产品的企业数量约占 26%，出口两种或两种以上产品的多产品出口企业数量高达全部出口企业的 74%还多，这表明了多产品出口企业是普遍存在的，以多产品出口企业模型研究是有必要的。第 4 列展示了企业平均出口额随着出口产品范围的扩大而增大。单一产品的平均出口额只有 154 万美元，出口两种产品的企业平均出口额至少比其增加超 80%，最高达到了 2.66 亿美元，这趋势与 Fernandes 和 Tang（2015）的研究相一致。第 5 列显示企业的平均全要素生产率也是随着企业范围的扩大而提高，这与 Bernard 等（2011）的理论模型相一致。然而，图 6-1 所示的产品范围与生产率的分布图显示了生产较多产品种类的企业的生产率分布在生产率的中位数附近，生产率较高的企业的产品范围并没有很大，因此可能存在企业的分布不均而导致描述统计所示的企业的平均全要素生产率也是随着企业范围的扩大而提高的表象。企业的生产率与产品范围的真实关系需要构建计量模型做进一步探讨。

表 6-1　　工业企业数据库 2005 年企业出口描述统计

出口产品范围	企业数量	占比（%）	企业平均出口额（百万美元）	平均全要素生产率
1	9 644	25.82	1.54	10.12
2～5	17 271	46.23	2.78	10.23
6～10	6 231	16.88	4.74	10.42
11～20	3 093	8.28	8.44	10.69
21～30	700	1.87	17.90	11.05
31～50	318	0.85	49.60	11.68
>50	99	0.27	266.00	12.69
合计（平均）	37 356	100	4.64	10.30

注：企业的平均全要素生产率（TFP）根据 Levinsohn 和 Petrin（2003）方法估计而得，最后一行的合计对应第 2、3 列，平均对应第 4、5 列。

① 其余年度的描述统计结果与 2005 年相类似。

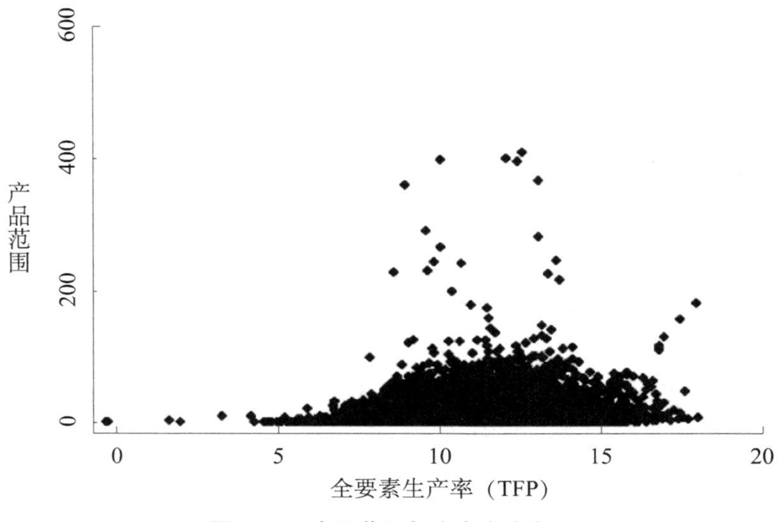

图 6－1　产品范围与生产率分布图

6.3.2　变量设置

1. 核心变量

研究中涉及的主要变量包括出口产品范围、市场份额和生产率。海关数据库中产品的分类是以 8 位 HS 国际编码为基础，因此，我们将企业的出口产品种类定义为企业出口的 HS-8 位编码的数量。

根据理论模型的设定，企业市场份额为企业的所有产品种类的出口收入占其所在行业内市场上所有产品出口收入的比例。我们将海关 HS-8 产品代码与国家统计局的 SIC-4 行业分类代码进行匹配，企业的市场份额因而被设定为企业的各种 SIC-4 位数行业出口产品的出口额占其所在 SIC-4 位数行业的总出口额的份额，以该产品种类在企业自身的总出口份额作为权重进行加权以后的测量结果，即

$$share_i = \sum_k \alpha_{ik}\beta_{ikj} = \sum_k \left(\frac{exports_{ik}}{\sum_k exports_{ik}} \times \frac{exports_{ikj}}{\sum_i exports_{ikj}} \right)$$

式中，α_{ik}为产品k[①]在企业i所有产品的出口总收入中的占比；β_{ikj}为企业i的产品k占所在SIC-4位数行业j的出口总量的份额。

关于生产率的测量，本部分采用以中间投入品为代理变量的LP方法（Levinsohn and Petrin，2003）测算。首先，LP方法采用半参数的测量方式较好地克服了不可观测生产率冲击与生产要素水平之间的共时性偏误（simultaneity）和生产率自身的内生性问题（endogeneity）。其次，LP方法不像OP方法（Olley and Pakes，1996）要求企业每一时期具有投资，而是采用中间品投入替代投资，从而能够保留更多的观测样本。在中国工业企业数据库中，具有完整短期、长期投资财务数据的企业不足30％，剔除缺失投资指标的数据会浪费大量样本信息，而具有完整中间品投入的观察值比例超过95％（邱斌等，2012）。

2. 控制变量

现有研究表明企业的产品范围选择受到很多因素影响，如企业规模、盈利能力等。我们需要通过控制变量来考虑这样一些因素对我们研究的关系的可能影响。Feenstra和Ma（2007）对多产品企业的最优产品范围的研究证明，经过市场的竞争淘汰，幸存下来的规模大的企业应该有更广的产品范围。本文采用企业总资产的对数来控制企业规模的影响。Claessens和Tzioumi（2006）研究发现中国80％的民营企业将融资约束视为投资扩张的主要障碍之一。Jarreau和Poncet（2014）研究发现企业的融资约束影响企业的出口结构。为了控制融资约束的影响，本部分用负债与资产比值来表示。负债与资产比值反映了公司的财务和资本运营情况，也反映了企业的再融资能力。盈利能力会显著影响企业产品范围的选择，本部分用营业利润与主营业务收入的比值来表示。企业出口规模越大，对国外市场掌握的信息就越充分，企业丰富的出口经验和资源会使得企业扩大其产品范围。本部分用出口交货值的对数值来控制企业出口规模的影响（Fernandes and Tang，2015）。我们还通过虚拟变量的设置控制了区域差异、行业异质的影响和跟时间维度相关的宏观经济

① 产品k代表的是SIC-4位数行业中的产品。

波动或政策的影响。

3. 变量定义及描述统计

表 6－2 显示的是本部分的计量模型所涉及的因变量、自变量和控制变量的定义和描述统计。

表 6－2　　变量定义

变量	符号	定义	均值	标准差	最小值	最大值
因变量						
产品范围	variety	企业出口的 HS-8 产品种类	5.81	8.80	1	618
自变量						
生产率	tfp	Levin 和 Petrin(2003) 的方法求得全要素生产率	10.188	1.271	－0.327	18.027
市场份额	share	企业的各 SIC-4 产品出口额占所在 SIC-4 行业出口总额的份额以该产品占企业的出口份额作为权重调整后的加权值	0.011	0.046	1.08e－09	1
控制变量						
企业层面						
企业规模	size	企业总资产的对数值	10.375	1.449	3.401	18.602
盈利能力	profitability	营业利润与主营业务收入的比值	0.013	0.790	－291.288	0.970
融资约束	leverage	企业总负债/企业总资产的对数值	0.562	0.313	0	31.157
出口规模	exports	出口交货值的对数值	8.709	2.112	0.010	18.504
控制/虚拟变量						
区域	district	东、中、西三个区域的虚拟变量				
行业	industry	SIC-4 行业的虚拟变量				
年度	year	年份的虚拟变量				

6.3.3　计量模型

模型设定以半参数非线性模型为基础。该理论假定引入产品种类的过程为非连续的随机变量 x，x 服从泊松分布，即 $x=g(s)$。产品种类 N 满足 $E(N\mid s)=e^{g(s)}$，其中 s 为企业的市场份额，g 为未知方程。另有 x_{jt} 代表企业、行业和年度控制变量，则模型如下：

$$E[p_{jt}\mid s_{it},f_{ijt}]=e^{\{g(s_{it})+f_{ijt\beta}\}} \tag{6-24}$$

为了检验假设 1（或假设 3），设置以下泊松（Poisson）估计模型：

$$E[N_{it}\mid s_{it},f_{ijt}]=\exp\{\alpha+\beta_1 s_{it}+\beta_2 s_{it}^2+x_{ijt}\gamma+\varepsilon_{it}\} \tag{6-25}$$

式中，s_{it} 为市场份额（或生产率）；x_{ijt} 为控制变量。产品范围与市场份额（或生产率）呈倒 U 形结构时，$\beta_1>0$ 及 $\beta_2<0$。

为了检验假设 2，本部分通过对企业的市场份额与企业的生产率使用面板数据随机效应的广义最小二乘法估计获得。

$$s_{it}=\alpha+\beta^{*}\omega_{it}+x_{ijt}^{*}\gamma+\varepsilon_{it} \tag{6-26}$$

式中，s_{it} 为市场份额；ω_{it} 为企业生产率；x_{ijt} 为控制变量向量；假设 2 成立时，$\beta>0$。

为了检验假设 3 我们需要考虑工具变量来处理生产率可能存在的内生性问题。虽然本部分的理论模型假定企业生产率是外生的，但是也有很多研究表明出口产品范围会对企业生产率产生影响。Schoar（2002）的研究发现企业的多样化会导致生产率的下降。Eckel 和 Neary（2010）的研究结论表明企业的生产率随着企业集中资源发展核心产品从而缩小产品范围而提高。因而企业生产率与企业出口的产品范围可能存在双向因果关系。

参考彭国华和夏帆（2013）的研究，可将企业前期生产率作为该企业当期生产率的工具变量。因为即使企业当期出口的产品范围能够影响企业当期或未来的生产率，但它们不能影响到企业前期的生产率。因此，我们采用 Stata13.0 中 IVpoisson 的估计方法来验证假设 3。同此前的研究一样，考虑到公司将资源和能力转化为经营成果需要一定的时间（Wang et al.，2012），同时考虑内生性问题，本部分将自变量和控制变量均滞后一期（钱学峰等，2011；彭国华和夏帆，2013）。

6.4 实证结果

表 6－3 展示的是对于以上理论模型的实证分析结果。其中，第 2 栏、第 3 栏和第 4 栏展示的是对假设 1、假设 2 和假设 3 分别进行检验的估计结果。从表 6－3 的实证结果我们可以获得如下结论：

（1）市场份额与产品范围呈倒 U 形关系。随着企业市场份额的扩大，考虑到企业内产品蚕食效应，企业的产品范围先扩张而后收缩，从多样化向专业化转变。图 6－2 展示了根据假设 1（Model 1）的估计结果所绘的预测图。

（2）生产率与市场份额呈正相关关系。生产率的提高能够提升企业的能力，进而提升产出效率，提升市场份额。图 6－3 展示了根据假设 2（Model 2）的估计结果所绘的预测图。

（3）生产率与产品范围呈倒 U 形关系。随着企业生产率的提升，企业会先通过扩大产品范围来提高收益，当扩大到一定程度后，企业将资源集中到更高贡献度的产品，缩小产品范围，反而可以带来更大的收益。图 6－4 展示了根据假设 3（Model 3）的估计结果所绘的预测图，这与图 6－1 的散点图分布的实际情形相吻合。

研究结果还表明，在其他控制变量中，企业规模越大、出口程度越高，其产品范围越大。融资约束和盈利能力并不显著，说明二者对企业的产品范围的影响不显著。

表 6－3　　产品范围的影响因素

	Model 1	Model 2	Model 3
因变量	variety	share	variety
估计方法	Random-effects Poisson	GLS Random-effects	IV Poisson
share	0.046***		
	(0.016)		
$share^2$	−0.031***		
	(0.000)		
tfp		0.101***	7.109**
		(0.013)	(3.915)

续前表

因变量 估计方法	Model 1 variety Random-effects Poisson	Model 2 share GLS Random-effects	Model 3 variety IV Poisson
tfp^2			−0.417* (0.181)
size	0.088*** (0.005)	0.042*** (0.010)	0.004** (0.002)
profitability	0.021 (0.021)	−0.023* (0.015)	−0.027 (0.022)
leverage	−0.012 (0.013)	0.026*** (0.012)	−0.022 (0.13)
exports	0.089*** (0.003)	0.023*** (0.004)	0.082*** (0.003)
district/industry/year	Yes	Yes	Yes
Obs.	90 944	90 675	78 574
Wald chi2	166 790.45	733.22	

注：***，**，* 分别表示在1%，5%和10%的显著性水平下显著；括号中数字为模型估计的标准差。

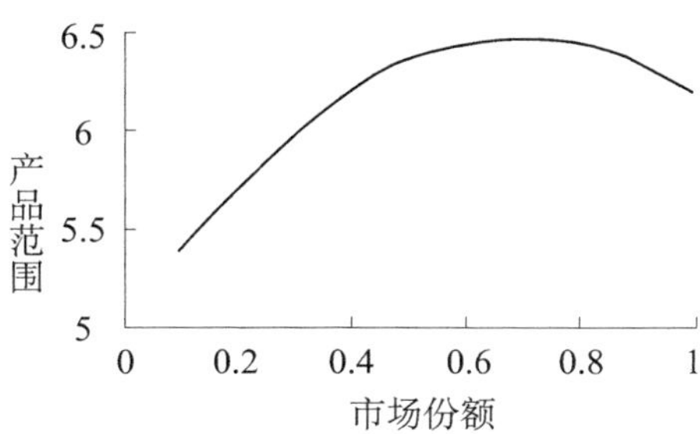

图 6-2　假设 1：产品范围与市场份额

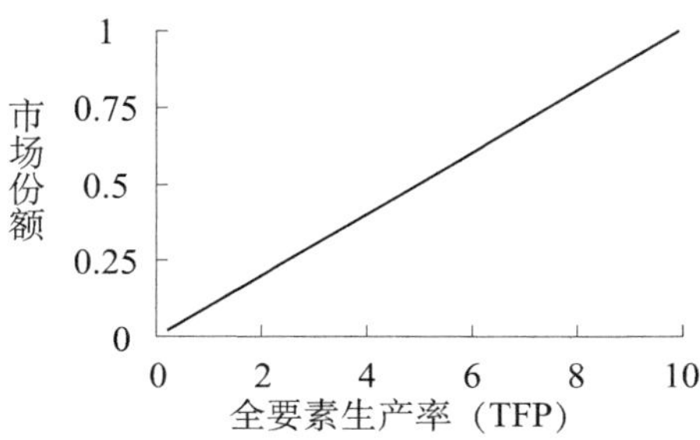

图 6-3　假设 2：市场份额与生产率

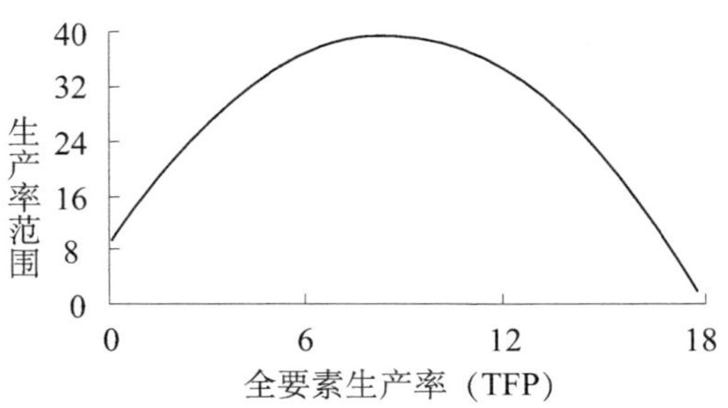

图 6-4　假设 3：产品范围与生产率

6.5　研究结论

本部分融合了 Melitz（2003）、Feenstra 和 Ma（2007）、Melitz 和 Ottaviano（2008）的多产品异质企业贸易模型构建多产品出口企业的产品范围与企业生产率的分析框架，并据此建立了计量模型。基于 2000—2005 年的海关和企业匹配数据，本研究采用泊松分布估计、广义最小二乘估计等方法对理论模型进行检验。模型基于对每个产品种类的利润和产品之间的蚕食效应的均衡，可以推断出多产品企业的最优产品组合或产品范围。研究结果表明，企业的出口产品范围与其所占的市场份额呈倒 U 形关系；企业的生产率的提高促进了市场份额的增加；进而企业的出口产品范围与企业的生产率呈倒 U 形关系。我们的模型刻画了企业由多样化生产向专业化生产的模式转变的作用机制。我们发现，市场中利润最大化条件下，产品范围最大的是有中等生产率和中等市场份额的企业。本部分从理论和实证的视角验证了多产品出口企业的产品范围与企业生产率的关系。“十三五”规划提出的“加快对外贸易优化升级，从外贸大国迈向贸易强国”探讨如何实现出口的持续发展与结构升级，本研究切入当前这一重大实践关切，通过分析企业的产品范围和资源优化配置的关系试图给政府宏观层面的贸易政策设计和企业的贸易行为提供一定的理论参考和政策借鉴。

对于出口企业而言，应充分考虑到产品引入成本和蚕食效应，

使其生产率水平与产品范围相匹配。在生产率提高的初期，可以扩大产品范围从而提升盈利能力。但当生产率不断提高之后，专业化水平达到一定程度，不应盲目扩大产品范围，应该集中精力进行专业化生产。从市场的角度看，当企业在面临更大的市场规模且市场份额较低时，可以适当通过扩大产品范围来获得更大的盈利，当企业在稳定的市场规模中取得较大的市场份额之后，应该适当减少产品范围，以减少蚕食效应所带来的盈利损失。对于生产技术能力高的企业，专注于少数有优势的产品才能获得更大的利润，野蛮式的种类增长不一定能够带来企业效益的提高。

"十三五"规划提出"发挥出口对增长的促进作用，增强对外投资和扩大出口结合度，培育以技术、标准、品牌、质量、服务为核心的对外经济新优势"。出口能否持续稳定发展，重要的是如何提高出口企业的内部资源配置效率以获得可持续发展，从而使得出口贸易关系能够持续稳定。政府在促进贸易开放和建立贸易优势时，不应盲目地促使企业去开发其扩展边际，而应根据企业的生产率等异质特征有针对性进行指导。此外，对于逐渐壮大的多产品企业，政府应积极支持与配合其开拓新的海外市场，以降低蚕食效应对于企业利润的影响，为优化我国贸易扩张的二元边际结构提供可靠保障。

参考文献

Allanson P, Montagna C. "Ultiproduct firms and market structure: an explorative application to the product life cycle". *International Journal of Industrial Organization*, 2005, Vol 23 (7): 587 - 597.

Anderson S P, Palma A. "Market Performance with Multiproduct Firms". *The Journal of Industrial Economics*, 2006, Vol. 54 (1): 95 - 124.

Arkolakis C, Ganapati S, Muendler M A. "The Extensive Margin of Exporting Products: A Firm-Level Analysis". Cowles Foundation Discussion Paper No. 2028, 2015.

Bernard A B, Redding S J, Schott P K. "Multiple-Product Firms and Product Switching". *The American Economic Review*, 2010, Vol. 100 (1): 70 - 97.

Bernard A B, Redding S J, Schott P K. "Multiproduct Firms and Trade Liberalization". *The Quarterly Journal of Economics*, 2011, Vol. 126 (3): 1271 - 1318.

Brambilla I. "Multinationals, technology, and the introduction of varieties of goods". *Journal of International Economics*, 2009, Vol. 79 (1): 89 - 101.

Brander J A, Eaton J. "Product line rivalry". *The American Economic Review*, 1984, Vol. 74 (3): 323 - 334.

Claessens S, Tzioumis K. "Ownership and Financing Structures of Listed and Large Non - listed Corporations". *Corporate Governance: An International Review*, 2006, Vol. 14 (4): 266 - 276.

Dixit A K, Stiglitz J E. "Monopolistic competition and optimum product diversity". *The American Economic Review*, 1977, Vol. 67 (3): 297 - 308.

Eckel C, Neary J P. "Multi-product firms and flexible manufacturing in the global economy". *The Review of Economic Studies*, 2010, Vol. 77 (1): 188 - 217.

Feenstra R, Ma H. "Optimal choice of product scope for multiproduct firms under monopolistic competition". National Bureau of Economic Research. No. w13703, 2007.

Fernandes A P, Tang H. "Scale, scope, and trade dynamics of export processing plants". *Economics Letters*, 2015, Vol. 133: 68 - 72.

Helpman E. "Multinational corporations and trade structure". *The Review of Economic Studies*, 1985, Vol. 52 (3): 443 - 457.

Krugman P R. "Increasing returns, monopolistic competition, and international trade". *Journal of international Economics*, 1979, Vol. 9 (4): 469 - 479.

Levinsohn J, Petrin A. "Estimating production functions using inputs to control for unobservables". *The Review of Economic Studies*, 2003, Vol. 70 (2): 317 - 341.

Jarreau J, Poncet S. "Credit constraints, firm ownership and the structure of exports in China". *International Economics*, 2014, Vol. 139: 152 - 173.

Mayer T, Melitz M J, Ottaviano G I. "Market Size, Competition, and the Product Mix of Exporters". *The American Economic Review*, 2014, Vol. 104 (2): 495 - 536.

Melitz M J. "The impact of trade on intra - industry reallocations and aggregate industry productivity". *Econometrica*, 2003, Vol. 71 (6): 1695 - 1725.

Melitz M J, Ottaviano G I. "Market size, trade, and productivity" . *The Review of Economic Studies*, 2008, Vol. 75 (1): 295 - 316.

Nocke V, Yeaple S. "Globalization and multiproduct firms" . *International Economic Review* , 2014, Vol. 55 (4): 993 - 1018.

Qiu L D, Zhou W. "Multiproduct firms and scope adjustment in globalization" . *Journal of International Economics*, 2013, Vol. 91 (1): 142 - 153.

Qiu L D, Yu M. "Multiproduct Firms, Export Product Scope, and Trade Liberalization: The Role of Managerial Efficiency" . HKIMR Working Paper No. 02/2014, 2014.

Olley G S, Pakes A. "The dynamics of productivity in the telecommunications equipment industry" . *Econometrica*, 1996, Vol. 64 (6): 1263 - 1297.

Schoar A. "Effects of corporate diversification on productivity" . *The Journal of Finance*, 2002, Vol. 57 (6): 2379 - 2403.

Iacovone L, Javorcik B S. "Multi-Product Exporters: Product Churning, Uncertainty and Export Discoveries" . *The Economic Journal*, 2010, Vol. 120 (544): 481 - 499.

Sheu G. "Price, quality, and variety: measuring the gains from trade in differentiated products" . *American Economic Journal: Applied Economics*, 2014, Vol. 6 (4): 66 - 89.

Söderbom M, Weng Q. "Multi-product firms, product mix changes and upgrading: evidence from China's state-owned forest areas" . *China Economic Review*, 2012, Vol. 23 (4): 801 - 818.

Wang C, Hong J, Kafouros M, Wright M. "Exploring the role of government involvement in outward FDI from emerging economies" . *Journal of International Business Studies*, 2012, Vol. 43 (7): 655 - 676.

Yu M. "Processing trade, tariff reductions and firm productivity: evidence from Chinese firms" . *The Economic Journal*, 2014, Vol. 125: 988 - 943.

彭国华，夏帆．中国多产品出口企业的二元边际及核心产品研究．世界经济，2013 (2) .

钱学锋，王胜，陈勇兵．中国的多产品出口企业及其产品范围：事实与解释．管理世界，2013 (1) .

邱斌，许志新．出口产品多样性与中国制造业全要素生产率关系的研究：基于制造业行业面板数据的实证分析．东南大学学报：哲学社会科学版，2013，15 (1) .

易靖韬，乌云其其克．中国贸易扩张的二元边际结构及其影响因素研究．国际贸易问题，2013（10）．

附录6A　公式推导演算过程

6A.1　ρ的经济含义

个人效用函数为：$u=x_0+\rho\ln(X)$

个人消费预算约束为：$x_0+PX=1$

式中，P为X的价格指数；X为消费指数。为求个人效用最大化，构造拉格朗日方程：

$$L=x_0+\rho\ln(X)\ +\lambda(1-x_0-PX)$$

求极值一阶条件为：

$$\frac{\partial L}{\partial X}=\frac{\rho}{X}-P\lambda=0$$

$\dfrac{\partial L}{\partial x_0}=1-\lambda=0$ 联立以上两式，可得

$$\rho=PX=1-x_0<1$$

由此可知，ρ为每单位消费者在X上的花费。

6A.2　式（6-4）每个产品种类需求函数推导过程

为简化计算，市场中所有消费者的预算约束条件改写为（将企业的产品种类合并的改写并不影响推导结果）：

$$\int_0^N p(i)x(i)di=B$$

为求效用最大化，构造拉格朗日方程：

$$L=X+\lambda(B-\int_0^N p(i)x(i)di)$$

效用最大化一阶条件：

$$\frac{\partial L}{\partial x(i)}=\frac{\beta}{\beta-1}\left(\int_0^N x(i)^{\frac{\beta-1}{\beta}}\right)\frac{\beta-1}{\beta}x(i)^{-\frac{1}{\beta}}-\lambda p(i)=0$$

可求得：

$$p(i)x(i)=\left[\int_0^N x(i)^{\frac{\beta-1}{\beta}}\right]^{\frac{\beta}{\beta-1}}\lambda^{-\beta}p(i)^{-\beta}$$

代入预算约束条件可得

$$B=\int_0^N p(i)x(i)di=\left[\int_0^N x(i)^{\frac{\beta-1}{\beta}}\right]^{\frac{\beta}{\beta-1}}\lambda^{-\beta}\int_0^N p(i)^{-\beta}di$$

又价格指数为：

$$P=\left(\int_0^N x(i)^{1-\beta}di\right)^{\frac{1}{1-\beta}}$$

联立上式，可得

$$x(i)=\frac{B}{P^{1-\beta}}p(i)^{-\beta}$$

6A.3　式（6－8）产品的需求弹性推导过程

将式（6－4）和式（6－6）及 $p_g=p(i)$ 结合，可得

$$x_g=\frac{Bp_g^{-\beta}}{\sum_{g=1}^K N_g p_g^{1-\beta}}$$

$$\frac{\partial x_g}{\partial p_g}=B\frac{-\beta p_g^{-\beta-1}\sum_{g=1}^K N_g p_g^{1-\beta}-(1-\beta)N_g p_g^{-2\beta}}{(\sum_{g=1}^K N_g p_g^{1-\beta})^2}$$

$$\varepsilon=\frac{\partial x_g}{\partial p_g}\frac{p_g}{x_g}=B\frac{(-\beta p_g^{-\beta-1}\sum_{g=1}^K N_g p_g^{1-\beta}-(1-\beta)N_g p_g^{-2\beta})*p_g}{(\sum_{g=1}^K N_g p_g^{1-\beta})^2*\left(\frac{Bp_g^{-\beta}}{\sum_{g=1}^K N_g p_g^{1-\beta}}\right)}$$

$$=-\frac{\beta\sum_{g=1}^K N_g p_g^{1-\beta}+(1-\beta)N_g p_g^{1-\beta}}{\sum_{g=1}^K N_g p_g^{1-\beta}}$$

$$=-\left[\beta\left(1-\frac{N_g p_g^{1-\beta}}{\sum_{g=1}^K N_g p_g^{1-\beta}}\right)+\frac{N_g p_g^{1-\beta}}{\sum_{g=1}^K N_g p_g^{1-\beta}}\right]$$

将式（6－7）代入，整理可得

$$\varepsilon=\frac{\partial x_g}{\partial p_g}\frac{p_g}{x_g}=-[(1-\beta)s_g+\beta]$$

6A.4　式（6－10）最优价格的推导过程

对式（6－9）对价格求导，且导数为0时可得最大值，则有

$$\frac{\partial R_g}{\partial p_g}=N_g\frac{\partial x_g}{\partial p_g}(p_g-c_g)+N_g x_g=0$$

将式（6－8）代入整理可得

$$-[\beta(1-s_g)+s_g](p_g-c_g)+p_g=0$$

进一步整理可得：

$$[-\beta(1-s_g)-s_g+1]p_g=c_g[-\beta(1-s_g)-s_g]$$

$$p_g=[1+\frac{1}{(\beta-1)(1-s_g)}]c_g$$

6A.5　式（6－11）推导过程

对式（6－9）对产品种类求导，且导数为0时可得最大值，则有

$$\frac{\partial R_g}{\partial N_g}=x_g(p_g-c_g)+\frac{\partial x_g}{\partial N_g}N_g(p_g-c_g)-k_1=0$$

对式（6－7）求导，可得：

$$\frac{\partial x_g}{\partial N_g}=-\frac{p_g^{-\beta}}{(\sum_{g=1}^{K}N_g p_g^{1-\beta})^2}p_g^{1-\beta}=-\frac{p_g^{1-2\beta}}{(\sum_{g=1}^{K}N_g p_g^{1-\beta})^2}$$

并代入上式，整理可得

$$x_g(p_g-c_g)+\left[-\frac{p_g^{1-2\beta}}{(\sum_{g=1}^{K}N_g p_g^{1-\beta})^2}\right]N_g(p_g-c_g)=k_1$$

$$x_g(p_g-c_g)+x_g\left[-\frac{N_g p_g^{1-\beta}}{\sum_{g=1}^{K}N_g p_g^{1-\beta}}\right](p_g-c_g)=k_1$$

将式（6－7）代入，可得

$$x_g(p_g-c_g)-s_g x_g(p_g-c_g)=k_1$$

6A.6　式（6 - 12）最优产品范围推导过程

$$s_g = \frac{N_g x_g p_g}{\sum_{i=1}^{K} N_i x_i p_i} = \frac{N_g x_g p_g}{B}$$

将式（6 - 10）代入，可得

$$s_g = \left[1 + \frac{1}{(\beta-1)(1-s_g)}\right]\frac{N_g x_g c_g}{B}$$

将式（6 - 12）代入，可得

$$\begin{aligned} s_g &= \left[1 + \frac{1}{(\beta-1)(1-s_g)}\right]\frac{N_g k_1(\beta-1)}{B} \\ &= \left[\frac{\beta-\beta s_g+s_g}{(\beta-1)(1-s_g)}\right]\frac{N_g k_1(\beta-1)}{B} \\ &= \left[\frac{\beta-\beta s_g-s_g}{(1-s_g)}\right]\frac{N_g k_1}{B} \end{aligned}$$

因此，式（6 - 13）可求：

$$N_g = \left[\frac{s_g(1-s_g)}{\beta-(\beta-1)s_g}\right]\frac{B}{k_1}$$

6A.7　式（6 - 18）推导过程

对式（6 - 13）求导且导数等于 0，可得

$$\frac{\partial N_g}{\partial s_g} = \frac{B}{k_1}\left[\frac{(1-2s_g)[\beta-(\beta-1)s_g]-s_g(1-s_g)(\beta-1)}{(\beta-(\beta-1)s_g)^2}\right] = 0$$

对于 N_g 的函数，只需考虑分子部分，整理可得

$$\begin{aligned} f(s) &= (1-2s_g)[\beta-(\beta-1)s_g] + s_g(1-s_g)(\beta-1) \\ &= (\beta-1)s_g^2 - 2\beta s_g + \beta \end{aligned}$$

令 $f(s)=0$，求解可得：$s_1 = \frac{\sqrt{\beta}}{\sqrt{\beta}+1}$，$s_2 = \frac{\sqrt{\beta}}{\sqrt{\beta}-1}$

由于 $\beta>1$，则有 $0<s_1<1<s_2$。

当 $s_g \in [0,1]$ 且 $\beta>1$ 时，可求得到唯一的极值点为：

$$s_n = \frac{\sqrt{\beta}}{1+\sqrt{\beta}}$$

又当 $0<s_g<s_1$ 时，$f(s)>0$；当 $s_1<s_g<1$ 时，$f(s)<0$。因此，为 $s_n=\frac{\sqrt{\beta}}{1+\sqrt{\beta}}$ 为 s_g 在［0，1］范围内的唯一极大值点，同时表明产品种类 N_g 与市场份额 s_g 之间呈倒 U 形关系。

第7章

多产品出口企业：贸易自由化、企业能力与产品范围

7.1 引言

多产品出口企业在国际贸易活动中的重要地位引起了越来越多学者的关注和研究（Melitz and Ottaviano，2008；Bernard et al.，2010）。产品范围选择是多产品企业生产销售时所面临的重要决策，也是多产品企业贸易模型所要解决的核心问题。在不同目的国之间的贸易流量差异反映了多产品企业在不同市场条件的目的国所采取的产品决策的差异（Bernard et al.，2009），产品决策的差异关系到企业资源的优化配置状况。首先，由于贸易成本存在，贸易开放之后，企业的进入与退出行为使资源由低效率企业转移至高效率企业，引致资源在行业内不同企业间实现优化配置，通过行业平均生产率的提高最终提高整个经济体的

生产率。其次，企业可通过增加或减少产品实现企业内资源的再配置，继而提高企业、行业乃至整个经济的生产率水平（Bernard et al.，2011）。相比单一产品模型，多产品贸易模型不仅可以解释企业间的资源配置问题，而且可以解释企业内的资源配置问题。因此，研究多产品出口企业的产品范围这一课题已经发展成为新新贸易理论新的研究前沿。

国际贸易的文献近年来沿着企业的微观异质性和出口表现的关系以及企业应对国际环境的变化这一发展脉络取得了重大突破，学者们在理论和实证研究中开始聚焦于贸易自由化对于多产品企业的产品决策的影响。现有文献讨论贸易自由化对于产品范围的影响机制主要沿着三条主线或脉络来发展。一是门槛效应，贸易自由化使得企业能力和产品特质的门槛更高，低能力的企业和低特质的产品都会被淘汰（Bernard et al.，2011）；二是竞争效应，竞争者数量的增加使得多产品企业的产品组合变得更精简（leaner and meaner）（Eckel and Neary，2010），同时激烈的市场竞争会降低企业利润，因而企业会将资源集中到表现好的产品上从而缩小产品范围（Mayer et al.，2014）；三是成本效应，企业生产产品的边际成本随产品种类扩大而增加（Nocke and Yeaple，2014），企业因而会减少产品种类来参与贸易自由化，同时，新产品引入成本的存在也使得企业的平均成本随产品范围的扩大而增加（Qiu and Zhou，2013），从而使得扩大产品范围的企业在贸易自由化进程中退出市场。这些研究为贸易自由化促进企业内资源的重新配置提供了理论依据和经验支持。

研究发现企业能力是企业调整产品范围应对贸易自由化冲击的重要影响因素。Bernard 等（2011）的研究发现，贸易自由化的冲击使得企业的产品范围缩小，但较高的企业能力能够提高企业每个产品的生产率，进而同时提升企业的集约边际和扩展边际。Nocke 和 Yeaple（2014）研究企业如何根据其企业能力在低边际成本小产品范围和高边际成本大产品范围间做权衡。研究发现持续出口的企业（即能力较高的企业）会在贸易自由化进程中增大产品范围，然而非出口企业以及由非出口转向出口的企业（即能力较低的企业）会进一步减小产品范围来应对贸易自由化。Qiu 和 Yu（2014）进一步研究不同的贸易自由化的冲击对于具有不同管理能力的企业的影响。他们发现本国关税下降时，管理能力的差异不会带来产品范围决策的差异，所有企业都会扩大产品范围，然而外国关税下降时，只有高管理能力的企业会扩大产品范围。

本部分主要围绕贸易自由化和企业能力对于产品范围决策和资源配置的关系进行研究，贡献主要体现在如下三个方面：第一，多产品企业的出口产品范围决策不仅是影响企业内资源配置效率的重要环节，而且是提升我国外贸竞争力的重要因素，已经成为当前乃至未来重要的研究课题。现有的经验研究表明，我国的出口贸易以集约边际为主，集约的贸易边际极易遭受外部市场冲击，有可能导致贸易条件恶化，出现贫困化增长现象。在过去出口高速增长的过程中，量重于质的问题容易被忽略，现在面对外部环境恶化，出口能否持续稳定发展成为关注的焦点，其中的关键在于出口企业能否持续优化内部资源配置促进出口贸易实现质的飞跃。

第二，结合垄断竞争模型构建对称市场一般均衡条件下贸易自由化和企业能力与多产品出口企业的产品范围决策的理论模型，从外部市场因素（贸易自由化）和企业内部因素（企业能力）两个维度来研究企业产品范围决策，较好地拟合了我们观察到的贸易数据，弥补了现有的多产品企业相关研究之不足。彭国华和夏帆（2013）、钱学锋等（2013）的研究只考虑了生产率和所有制等企业内部因素的影响，盛斌和毛其淋（2015）研究了贸易自由化等外部市场因素对于企业产品质量选择的影响，但没有涉及企业的产品范围决策。

第三，在现有的国际贸易理论研究之中融入中国的经验，对现有新新贸易理论文献形成有益的补充。我们在研究中融入国有企业、比较优势和加工贸易等中国情境，增加了中国经验对于国际贸易理论研究的边际贡献。中国情境下的企业所有制、比较优势和贸易方式对于我们研究的问题具有较为突出的影响，对这些方面深入研究能够帮助我们更深刻地理解不同类型企业如何提升自身能力来拓展二元边际应对贸易自由化冲击的影响。

接下来的内容安排如下：7.2 节是构建理论模型并提出研究假设；7.3 节是数据和变量；7.4 节是实证分析；7.5 节是研究结论与政策含义。

7.2 理论与假设

7.2.1 基本设定

我们的理论模型是基于 Feenstra 和 Ma（2007）、Bernard（2011）等学者的多产品出口企业模型拓展建立的。假设模型中有本国 d 和若干相同的外国 $x\in\{1,\cdots,X,\}$。每个国家中的代表性消费者是通过消费一系列对称的产品来获得效用的，将其正态化为区间［0，1］。假定消费者效用为常替代弹性（CES），外国 x 代表性消费者的效用函数为：

$$U_x=\left[\int_0^1 Q_{xk}^{v}dk\right]^{\frac{1}{v}},0<v<1 \qquad (7-1)$$

式中，k 为产品，每种产品内，企业会生产水平差异化的不同种类商品；Q_{xk} 为消费指数，同样遵从 CES 形式，并由该国的需求而定。

$$Q_{xk}=\left[\int_{\omega\in\Omega_{xk}}[\delta_{xk}(\omega)q_{xk}(\omega)]^{\rho}d\omega\right]^{\frac{1}{\rho}},0<\rho<1 \qquad (7-2)$$

式中，ω 为 k 产品中由本国 d 出口到外国 x 的商品种类数；Ω_{xk} 为这些种类的组合；$\delta_{xk}(\omega)\geqslant 0$ 代表的是产品特质（product attribute），它可以被视为外国 x 代表性消费者对于本国企业产品 k 中 ω 种类商品的偏好强度；$q_{xk}(\omega)$ 为 k 产品内的商品组合指数。

同大部分文献一样，本文假定产品内的种类之间的替代弹性比产品之间的替代弹性大，即 $\sigma\equiv 1/(1-\rho)>\tau\equiv 1/(1-v)>1$。同时，我们还假定产品内不同种类之间的替代弹性 $\tau\equiv 1/(1-v)$ 对于所有产品是一致的。因此，式（7-2）所对应的价格指数①为：

① 价格指数的定义详见 Dixit 和 Stiglitz（1977）。

$$P_{xk} = \left\{\int_{\omega\in\Omega_{xk}} \left(\frac{p_{xk}(\omega)}{\delta_{xk}(\omega)}\right)^{1-\sigma} d\omega\right\}^{\frac{1}{1-\sigma}} \tag{7-3}$$

与现有的动态模型一样，本文模型中的企业将由其生产技术和产品特质来定义。企业的盈利能力的来源有两种：一是对于不同产品和不同国家都一致的企业层面因素——企业能力，记为 Φ；另一种是产品和国家都不同的产品层面因素——产品特质，记为 δ，即消费者偏好强度。

企业为了进入市场必须在本国 d 付出 $f_e>0$ 单位劳动的进入沉没成本，沉没成本使得企业拥有品牌。同时假定产品内的不同种类由其品牌而定。[①] 一旦投入进入沉没成本，企业可以知道自己的能力 Φ 和在外国 x 中产品 k 的产品特质 δ_{xk}，并因此决定是否进入市场和对不同国家市场供给什么样的产品。假定企业能力分布在不同国家是不同的，本国的企业能力 $\Phi\in[0,\infty)$ 是由连续分布 $g(\Phi)$ 和累计分布 $G(\Phi)$ 而获得。同样，产品特质 $\delta\in[0,\infty)$ 是由连续分布 $z(\Phi)$ 和累计分布 $Z(\Phi)$[②] 投入沉没成本后，我们假定本国的企业向外国出口需要付出总的固定成本为 $F_x>0$ 个单位劳动[③]，这些固定成本包含市场调研、广告等费用。这些固定成本决定是否进入该国市场，一旦进入市场则不影响其销量。同时，假定向本国销售每个产品的固定成本是 $f_d>0$ 个单位劳动，向外国出口每个产品的固定成本是 $f_x>0$ 个单位劳动。另假定每个产品的边际成本是恒定的（即生产产品没有固定成本），由企业能力 Φ 决定，即 q_{xk}（Φ，δ_{xk}）$/\Phi$ 单位劳动用于本国向外国提供生产 q_{xk}(Φ，δ_{xk}）单位的产品 k，因此边际成本为 $1/\Phi$（假定工资率为 1）。最后，假定可变贸易成本采用标准的冰山成本形式，从本国出口外国的冰山成本为 $\tau_x>1$。

---

① 即一个品牌不能代表一个产品内的不同品种。这样的假设是 Melitz（2003）假设的自然延伸，Melitz（2003）假设企业投入的沉没成本使得企业拥有生产单一差异化产品的品牌。

② 为使用大数定律获得结论，需要假定企业的能力和产品特质分布在企业之间是独立的，企业内的产品特质之间也是相互独立的。

③ 为方便理解，我们假定这些固定成本是在外国产生的。

7.2.2 一般均衡

产品内不同种类产品的需求由该种类的价格、该产品的价格指数、其他产品的价格指数和消费者总支出决定。如果一个企业在一个产品市场中销售其中一个种类的产品，该企业无法影响其他产品的价格指数。因此，企业的利润最大化问题就简化成了企业选择产品种类的价格。[①] 因此，根据垄断竞争的条件，可以得到从本国出口到外国的价格为边际成本的恒定加成的函数：

$$p_x(\Phi,\delta)=\tau_x\frac{1}{\rho\Phi} \tag{7-4}$$

式中，τ_x 为贸易的冰山成本；Φ 为企业能力。因为所有产品的生产技术和产品内不同种类之间的替代弹性相同，所以所有对应企业能力为 Φ 的产品具有共同的价格。因此，企业出口一种产品到外国的均衡收入和相应的利润为：

$$y_x(\Phi,\ \delta)=(\tau_x)^{1-\sigma}L_x(\rho P_x\Phi\delta)^{\sigma-1} \tag{7-5}$$

$$u_x(\Phi,\ \delta)=\frac{y_x(\Phi,\ \delta)}{\sigma}-f_x \tag{7-6}$$

对于每个出口目的国，企业出口某种产品的零利润条件可以表示为：

$$y_x(\Phi,\delta_x^*(\Phi))=\sigma f_x \tag{7-7}$$

式中，$\delta_x^*(\Phi)$ 为零利润出口产品特质临界值，企业只供给那些 δ 大于或等于临界值的产品。并由此可以得出，$\delta_x^*(\Phi)/\delta_x^*(\Phi_x^*)=\Phi_x^*/\Phi$。即越高能力的企业会拥有越低的产品特质临界值，因为更高能力可以创造足够的利润来承担特质低的产品的固定成本。相反，更高的边界值意味着对手企业的产品在市场中更具吸引力，因而需要更高的产品特质来获得足够的利润。

企业在比较进入沉没成本和进入后企业的预期价值后决定是否进入市场，企业的预期价值等于成功进入市场的概率与市场进入条件利

---

① 同很多文献一样，这里的模型忽略了企业间或企业内战略交换的可能。

润的乘积。因而，市场自由进入条件可以表示为[①]：

$$V=\int_{\Phi_d^*}^{\infty}\left\{\int_{\Phi_d^*\delta_d^*(\Phi_d^*)/\Phi}^{\infty}\left[\left(\frac{\Phi\delta}{\delta_d^*(\Phi_d^*)\Phi_d^*}\right)_{-1}^{\sigma-1}\right]f_d z(\delta)d\delta-F_d\right\}g(\Phi)d\Phi$$
$$+n\int_{\Phi_x^*}^{\infty}\left\{\int_{\Phi_x^*\delta_x^*(\Phi_x^*)/\Phi}^{\infty}\left[\left(\frac{\Phi\delta}{\delta_x^*(\Phi_x^*)\Phi_x^*}\right)^{\sigma-1}-1\right]f_x z(\delta)d\delta-F_x\right\}g(\Phi)d\Phi=f_e \tag{7-8}$$

式中，Φ_d^* 为企业在本国销售能力的边界值；$\delta_d^*(\Phi_d^*)$ 为与该能力对应的本国销售产品特质边界值；Φ_x^* 为企业出口的能力边界值；$\delta_x^*(\Phi_x^*)$ 为与该能力对应的出口产品特质边界值；n 为出口目的国数量。式（7－8）中第一个加号之前的一项是国内市场的预期利润，第二项是出口市场的预期利润。

7.2.3　贸易自由化、生产率与产品范围

为研究贸易自由化对多产品出口企业的产品范围的影响，首先需要研究经济体由封闭向开放转变对于国内企业能力边界 Φ_d^* 的影响。可以将封闭经济体理解为拥有无穷大的贸易成本，当 $\Phi_x^*\to\infty$ 时，式（7－8）中加号后的一项趋于 0。当经济体开放时，出口企业能力边界下降至一个可接受水平，式（7－8）加号后第二项就变成了正值。国内的企业能力边界 Φ_d^* 需要上升来降低第一项，从而使得等号两边相等。因此，Φ_d^* 和 Φ_x^* 负相关，即国内的企业能力边界随着出口企业能力边界的上升而下降，即随着贸易自由化程度的提高，出口企业能力边界 Φ_x^* 不断下降，但贸易自由化的冲击使得国内的能力边界 Φ_d^* 上升。

我们接下来研究贸易自由化对于国内和出口市场供给的影响。国内市场中对于每个企业能力所对应的产品特质为 $\delta_d^*(\Phi)=(\Phi_d^*/\Phi)\delta_d^*(\Phi_d^*)$，它是随着 Φ_d^* 单调递增的，其中 $\delta_d^*(\Phi_d^*)$ 由参数决定。贸易自由化提升了 Φ_d^*，从而提升了产品特质边界值 $\delta_d^*(\Phi)$，这意味着贸易开放使得所有的国内企业在国内市场放弃低特质的产

① 推导过程见附录 7A。

品。同时，贸易从封闭转向开放使得 Φ_x^* 降低至正常值，部分存活的企业会参与出口。那么出口的产品范围是由企业能力所对应的产品特质决定的，即 $\delta_x^*(\Phi)=(\Phi_x^*/\Phi)\delta_x^*(\Phi_x^*)$，同样 $\delta_x^*(\Phi_x^*)$ 是由参数决定的。由于选择效应的存在，新进入出口市场的企业是拥有更高能力的，即 $\Phi_x^*>\Phi_d^*$，则进入出口市场的产品会拥有更高的产品特质，即 $\delta_x^*(\Phi)>\delta_d^*(\Phi)$。

我们进一步检验产品范围的改变对企业生产率的影响。企业生产率由企业能力以及在各个市场和产品中以收入比例来加权平均的产品特质来决定：

$$\theta_i(\Phi)=\int_{\delta_i^*}^{\infty}\theta_i(\Phi,\delta)\tilde{y}_i(\Phi,\delta)d\delta \tag{7-9}$$

式中，θ 为生产率；$\theta_i(\Phi,\delta)$ 为企业 i 的生产产品具有产品特质 δ 的产品所对应的生产率[①]，特定产品的生产率是由该产品特质和企业能力共同决定的；$\tilde{y}_i$ 为本国企业 i 的具有产品特质 δ 的产品的收入份额。其中，$\tilde{y}_i(\Phi,\delta)$ 可以分解为国内收入 y_d 和出口收入 y_x，且有 $\tilde{y}_x\equiv[I_x(\Phi)y_x(\Phi,\delta)z(\delta)]/y_d(\Phi)$。当 $\Phi\geqslant\Phi_x^*$ 且该市场被供给时，参数 $I_x(\Phi)=1$，否则 $I_x(\Phi)$ 为 0。可证得，企业在开放经济体中的收入大于在封闭经济体中的收入，生产率在经济体开放后提升。[②]

贸易自由化对于不同生产率的企业，以及对同一个企业内不同特质产品的影响是不同的。首先，贸易自由化提升了 Φ_d^*，从而提升了产品特质边界值 $\delta_d^*(\Phi)$，这意味着贸易开放使得所有的国内企业在国内市场放弃低特质的产品，这使得企业将资源重新配置到高特质的产品中而提升企业的生产率，因此产品范围减小。其次，贸易的开放使得 Φ_x^* 降低至正常值，一般能力的企业会开始出口，并在出口市场增加高特质的产品，这也使得企业将资源分配到高特质的产品上，并因此提升企业的生产率。由此，我们提出研究假设：

假设 1：贸易自由化会使得多产品出口企业的生产率提升。

---

① 为简化模型，本文设定企业特定产品的生产率是与其企业能力和所生产的产品特质一一对应的。

② 推导过程见附录 7B。

假设 2：贸易自由化会使得多产品出口企业的生产向核心产品集中，因而产品范围缩小。

7.2.4 贸易自由化、企业能力与产品范围

企业在不同市场供给不同产品时会面临固定成本。能力高的企业可以创造足够的利润来支付较低的产品特质的生产固定成本，因此会继续生产并出口。能力低的企业不能创造足够的利润来支付向市场供给产品的成本，因此会停止市场供给。在本部分的模型中，最低能力的企业退出市场，中等能力的企业供给国内市场，高能力的企业出口。这是企业能力的差异带来的企业间的选择效应，提供了贸易福利新的来源，与 Melitz（2003）的结论是一致的。

我们进一步研究贸易自由化进程中企业的能力对于出口企业的产品决策的影响。对于连续的对称产品，对于企业能力为 $\Phi \geqslant \Phi_x^*$ 的出口企业出口到某一国家的产品种类的可能性为 $[1-Z(\delta_x^*(\Phi))]$。其中，$\delta_x^*(\Phi)=(\Phi_x^*/\Phi)\delta_x^*(\Phi_x^*)$ 是随 δ 单调下降的，$Z(\delta)$ 是随 δ 增加的连续分布函数。因此，$[1-Z(\delta_x^*(\Phi))]$ 是随着 δ 的增加而增加的。能力越高的企业会增加其对某一国出口的供给种类（企业内产品扩展边际，within-firm product extensive margin）。对于对称的国家和相同的产品特质，一个产品出口到所有国家的可能性是 $[1-Z(\delta_x^*(\Phi))]$；同样，对于对称的国家和仅在国家层面相同的产品特质，产品出口到给定市场的可能性也是 $[1-Z(\delta_x^*(\Phi))]$。在这两种情形下，一种产品出口的国家数量为 $[1-Z(\delta_x^*(\Phi))]n$。正如上文所述，$[1-Z(\delta_x^*(\Phi))]$ 是随着 Φ 的增加而增加的。因此，能力越高的企业会增加某一种产品的出口国数量（企业内国家扩展边际，within-firm country extensive margin）。对于对称的国家，一个给定企业能力的企业出口某种产品到某个市场可以写为 $y_x(\Phi,\delta)=\tau^{1-\sigma}(\delta/\delta_d^*(\Phi_d^*))^{\sigma-1}(\Phi/\Phi_d^*)^{\sigma-1}\sigma f_d$，同样是随着 Φ 的增加而单调递增的。因此，能力越高的企业会增加某种产品在某一国的出口供给（集约边际，intensive margin）。

更高能力的企业可以给它的产品定价更低，这增加了给定产品

特质的产品的收入和可变利润。更高能力的企业拥有更低的产品边界值，这增加了可生产的产品种类。因此，更高能力的企业会向每个国家出口更多的产品种类（企业内产品扩展边际），向更多目的地出口产品（企业内国家扩展边际）且会提升出口密度（集约边际）。在贸易自由化的冲击下，企业的产品范围会缩小，但企业自身能力的提升可以促进产品范围的扩大，这也创造了贸易福利新的来源。因此，我们提出假设：

假设3：能力越高的出口企业拥有越高的集约边际和扩展边际。

7.3 数据与变量

7.3.1 数据描述

1. 数据来源

本文的数据来源包括中国工业企业数据库、海关数据库、国家统计年鉴以及世界银行 World Integrated Trade Solution（WITS）数据库。本文采用的企业层面的研究样本为2000—2005年中国出口企业的全部财务和海关信息。其中，工业企业数据库由国家统计局统一收集，每个企业观测值包含了生产、销售、成本、劳动等多种年度财务和生产数据；海关数据库是由海关总署每月统计产生的以企业和HS-8①代码为分类基础的进出口数量、金额、运输方式、出口目的地和企业基本信息。衡量贸易自由化的产品关税来自世界银行 WITS数据库。由于HS编码在2002年进行调整，为方便测量，本文仅采用2002—2005年的数据作为研究贸易自由化部分的样本，税率采用该数据库中HS-6位码的平均从价税率。

2. 数据处理

首先，我们将关税数据跟海关数据库进行匹配。先把海关数据

① HS-8为8位国际HS编码，该编码将产品分为22个大类，大类下分98章，章下再分为目和子目。

库的月度数据汇总成年度数据，将世界银行 WITS 数据库中 HS-6 位码的平均从价税率以 HS-6 编码与海关数据库进行匹配，除去部分未识别代码和从量计价的商品，90%以上的产品数据得到了匹配。其次，将海关数据库与工业企业数据库进行匹配。将工业企业数据库中的法人单位名称和海关进出口数据库中的企业名称相匹配。同时出现在海关数据库和工业企业数据库中的企业即工业企业①，因此我们的样本选择符合理论模型关于生产企业的假设。匹配后的数据中 2000—2005 年分别有 15 715，18 284，21 224，24 574，36 447 和 37 781 家企业。此外，我们遵循文献的一般做法，剔除以下观测样样本：(1) 主要变量缺失或者小于 0 和雇员少于 10 人的企业；(2) 不符合一般会计准则的企业。我们同时对主要变量进行了价格指数平减。考虑物价差异，采用《中国统计年鉴》中各省工业品出厂价格指数对工业增加值进行价格平减，采用各省的固定资产投资价格指数对资本价格平减，采用原材料价格指数对中间品投入价格平减。另外，因为中国工业企业数据库中 2004 年的工业增加值、出口交货值等重要数据缺失，同很多文献一样，我们剔除了 2004 年的数据。

7.3.2 变量设置

1. 核心变量

(1) 产品范围。参照 Bernard 等 (2011) 对于国家层面的二元边际分解，将企业的出口额 E 分解为：出口产品种类 V，出口目的国数量 C，出口覆盖率 D 和产品—目的地平均出口额 X。那么 $E=V*C*D*X$。其中，$D=O_{cv}/(V*C)$，$X=E/O_{cx}$。海关数据库中产品的分类是以 8 位 HS 国际编码为基础。本部分将企业的出口产品种类 V_i 定义为该企业出口的 HS-8 位编码的数量，C 为海关数据库中企业的所有出口目的国数量，O_{cv} 为企业 i 所对应的出口的产品—目的地组合的个数。其中，X 为集约边际的体现，V，C 和 D 为扩展边

① 工业企业是生产和销售行为及决策的主体，与之相对的是没有生产行为的贸易中间商。

际的体现。此外，Mayer 等（2014）将企业内产品的相对出口收入体现企业的产品组合选择。为了研究企业将资源集中在高特质产品的情形，本部分借鉴前人文献定义企业中占最大份额的产品份额为 max，前五大份额的产品份额之和为 max5。

（2）生产率。我们测量的是企业层面的生产率，理论上来看是对企业不同产品的生产率的加权表现。同此前文献一样，本文采用 LP 方法测算企业生产率（Levinsohn and Petrin，2003）。首先，LP 方法较好地克服了不可观测生产率冲击与生产要素水平之间的共时性偏误。其次，与 OP 方法相比，OP 方法要求企业每一时期都具有投资，LP 方法则要求具有中间品投入。在中国工业企业数据库中，具有完整短期、长期投资财务数据的企业不足 30%，剔除缺失投资指标的数据会浪费大量样本信息，具有完整中间品投入的观察值比例超过 95%（邱斌等，2012）。最后，中间品投入与企业生产有更紧密的联系，用中间品投入作为代理变量具有更强的可信度。

（3）贸易自由化。与此前很多研究测算行业层面的自由化程度相比，本部分计算企业层面的贸易自由化程度，能够更精确反映企业所面临的贸易自由化程度的微观差异（Qiu and Yu，2014）。贸易自由化在国家或行业层面表现为比较一致的测度水平，但是每个企业所面临的自由化的冲击是完全不一样的，因为企业自身的产品组合及其份额都存在显著的差异。本文的贸易自由化程度采用企业特定的产品收入份额加权的关税税率来表示：$Tarriff_{it}=\sum_{k}(r_{t-1}^{k}/\sum_{k}r_{t-1}^{k})\tau_{it}^{k}$。为避免内生性，衡量产品收入份额是用之前一个年度的收入来计算，因为当年的关税收入是无法影响前一年的出口收入份额的。企业面临的平均关税税率越低表示该企业所面临的贸易自由度越高。

（4）企业能力。Nocke 和 Yeaple（2014）认为企业的组织管理效率能够体现企业能力，组织管理效率越高的企业能够运用有限资源降低生产产品的边际成本，从而获得更高生产率。本文遵循文献将企业的管理能力定义为反映组织管理效率的因素，采用管理费用占总资产的比值来近似测量（Qiu and Yu，2014）。企业能力越高，每单位资产所承担的管理费用就越低。因此，这个比值越低表明企

业能力越强。①

2. 控制变量

与现有研究一致，我们控制如下一些对我们研究的关系可能产生影响的变量。企业规模以企业总收入来衡量。企业的补贴以补贴收入与企业总收入衡量。融资约束是民营企业投资扩张的主要障碍之一（Claessens and Tzioumi，2006），因此本部分采用流动资产与流动负债的比值来表示融资约束。企业所有权属性和贸易方式会给企业产品范围带来结构性差异（钱学锋等，2013）。需要控制国有企业属性，定义为国有资本占总资本超过 50%的企业，取值为 1，否则为 0。此外，因为加工贸易企业直接从海外接受订单，出口市场进入成本比一般贸易的低，所以我们也需要控制加工贸易企业（Yu，2013；Fernandes and Tang，2015）。本部分假定没有国内收入的企业为加工贸易企业，取值为 1，否则取值为 0。地区（东部、中部和西部）、年度和行业（SIC-2）用虚拟变量来控制地区（市场化程度、政策差异等）、时间（宏观经济、宏观政策等）和行业（产业组织、要素密集度等）对研究的影响。

7.3.3 变量描述统计

根据上面的讨论，我们在表 7 - 1 中给出了变量符号、变量名称和对应的定义说明，并提供了各变量的描述统计信息。

表 7 - 1　　变量定义与描述统计

符号	变量名称	变量定义	均值	标准差
E	出口收入	企业出口交货值，$\ln(1+E)$	7.832	4.111
V	产品种类	企业出口的产品种类（HS-8），$\ln(1+V)$	1.528	0.770
C	目的地数量	企业出口的目的地数量，$\ln(1+C)$	1.606	0.849

① 我们认为企业能力代表着企业自身的组织管理效率，企业生产率是由不同产品的生产率根据其收入份额加权所得，每种产品的生产率和产品份额同时受企业能力和产品特质的影响。企业能力是企业层面的对于所有产品都相同的因素，企业生产不同的产品会因成本和市场规模等因素而导致生产率不同。因而，理论和实证上确定企业能力和生产率的边界有利于拓展现有新新贸易理论关于生产率研究的文献。

续前表

符号	变量名称	变量定义	均值	标准差
D	出口覆盖率	见变量定义部分，ln(1+D)	0.506	0.264
X	出口深度	见变量定义部分，ln(1+X)	11.311	1.645
max	最大产品份额	占比最大的产品份额，ln(1+max)	0.565	0.143
max5	前五产品份额	占比前5大的产品份额之和，ln(1+max5)	0.682	0.037
TFP	全要素生产率	LP法计算全要素生产率	10.218	1.409
tariff	贸易自由度	以收入份额加权的关税率，见变量定义部分	0.330	0.238
ability	企业能力	管理费用占总资产的比值，ln(1+ability)	0.083	0.080
size	企业规模	企业收入规模，ln(1+size)	10.444	1.438
subsidy	补贴收入	补贴收入占总收入比值，ln(1+subsidy)	0.002	0.020
leverage	融资约束	流动资产与流动负债比值，ln(1+leverage)	0.630	0.314
state	国有属性	国有资产占比超过50%取1，否则取0	0.048	0.215
processing	加工贸易	加工贸易企业取1，否则取0	0.153	0.359
CA	比较优势	比较优势企业取1，否则取0	0.678	0.467

7.4 实证结果

7.4.1 贸易自由化与生产率

我们采用面板数据的计量分析方法，豪斯曼检验的结果支持面板随机效应模型，表7-2为使用面板数据随机效应的估计结果。表7-2中Model 1为验证假设1的估计结果，展示的是贸易自由化与生产率的关系的估计。实证结果表明：企业层面的平均关税与企业生产率呈显著的负相关关系。即企业所面临的市场的平均贸易自由

度越大，则企业的全要素生产率越高，因此验证了假设 1。①

表 7-2　　贸易自由化与产品范围调整

	Model 1	Model 2	Model 3	Model 4
估计方法	Random-effects GLS regression			
因变量	*TFP*	*V*	max	max5
tariff	−0.044***	1.317***	−0.163***	−0.184***
	(0.003)	(0.024)	(0.004)	(0.005)
ability	−0.129***	−0.376***	−0.020***	−0.075***
	(0.006)	(0.036)	(0.06)	(0.008)
size	0.949***	0.143***	−0.006***	−0.024***
	(0.001)	(0.003)	(0.000)	(0.001)
subsidy	0.059***	−0.159	0.003	0.049
	(0.001)	(0.130)	(0.021)	(0.032)
leverage	0.010***	0.013**	0.001	−0.003**
	(0.001)	(0.005)	(0.001)	(0.001)
state	−0.019***	−0.112***	0.002	0.021***
	(0.002)	(0.016)	(0.003)	(0.004)
process	−0.007***	0.133***	−0.013***	−0.027***
	(0.001)	(0.007)	(0.001)	(0.002)
常数项	0.109***	−0.992***	0.684***	0.950***
	(0.005)	(0.036)	(0.005)	(0.007)
地区效应	是	是	是	是
年份效应	是	是	是	是
行业效应	是	是	是	是
观察值	81 490	81 490	81 490	81 490
Wald chi2	6 641.76	6 704.67	2 559.64	4 263.17
Prob>Chi	0.00	0.00	0.00	0.00

注：括号内为系数的标准差；***，**，* 分别表示在 1%，5%和 10%显著性水平下显著。（下同。）

① 关于控制变量，企业的能力、规模、补贴收入和杠杆率与生产率呈显著的正相关关系。国有企业平均的生产率稍低于非国有企业，加工贸易企业的生产率低于非加工贸易企业。

7.4.2 贸易自由化与产品范围

表 7-2 中 Models 2～4 为验证假设 2 的估计结果。Model 2 展示的是贸易自由化与产品种类的关系，Models 3～4 展示的是贸易自由化与企业中最大产品份额的关系。实证结果表明：企业层面的平均关税与企业的产品种类呈显著的正相关关系。即企业所面临的市场的平均贸易自由度越大，则企业的产品范围反而会缩小，因此验证了假设 2。这个结论与 Iacovone 和 Javorcik（2008）（墨西哥企业），Baldwin 和 Gu（2009）（加拿大企业）和 Bernard 等（2011）（北美企业）的研究一致。①

为了进一步验证假设 2，我们考察企业层面的平均关税与企业的产品中最大的产品份额的关系，结果支持显著的负相关关系。即企业所面临的平均贸易自由度越大，则企业的最大产品份额越高。即贸易自由化会使得多产品出口企业的收入向最大产品份额的产品倾斜。Models 3～4 的结果都验证了这一观点。

我国 2001 年加入世界贸易组织可被看作一项政策实验，可以帮助我们研究贸易自由化的效果。文献中通常使用双重差分（difference-in-difference）方法来分析政策实施的经济效果。为了进一步验证不同类型的制造业企业受贸易自由化影响程度的不同，本部分使用加入世界贸易组织作为自然实验来检验假设 2 中贸易自由化与产品范围之间的关系。表 7-3 显示了贸易自由化、企业属性对于产品范围的影响的双重差分的估计结果。D_T代表加入世界贸易组织政策变量（加入时取值为 1），D_U代表企业的加工贸易或国有企业或比较优势的属性变量（属于该类型时取值为 1）。表中 D_T和 $D_T * D_U$的结果均显著地验证了假设 2，企业随着贸易自由化的推进会缩小产品范围。

① 关于控制变量，企业的管理能力与产品范围呈显著的正相关关系。即管理效率越高（管理费用占比越低），则企业的产品种类越多。企业的规模和杠杆率都与产品种类呈显著的正相关关系。国有企业的产品种类稍小于非国有企业，加工贸易企业的产品种类大于非加工贸易企业。企业的补贴收入对于产品种类的影响不显著。

表 7-3　　　　贸易自由化、企业属性与产品范围调整

	Model 1	Model 2	Model 3
估计方法		OLS regression (DID)	
自变量 D_U	加工贸易	国有属性	比较优势
D_T	−0.029***	−0.046***	−0.230***
	(0.007)	(0.007)	(0.11)
D_U	0.275***	−0.109***	0.267***
	(0.015)	(0.019)	(0.008)
$D_T * D_U$	−0.073***	−0.041*	0.221**
	(0.017)	(0.026)	(0.011)
ability	−0.972***	−0.971***	−0.943***
	(0.048)	(0.048)	(0.047)
size	0.158***	0.158***	0.157***
	(0.002)	(0.002)	(0.002)
subsidy	−0.277***	−0.277***	−0.280***
	(0.111)	(0.112)	(0.112)
leverage	−0.055***	−0.055***	−0.054***
	(0.009)	(0.009)	(0.009)
processing		0.222***	0.232***
		(0.008)	(0.008)
state	−0.084***		−0.090***
	(0.013)		(0.013)
CA	0.298***	0.298***	
	(0.007)	(0.007)	
常数项	−0.787***	−0.773***	−0.744***
	(0.024)	(0.028)	(0.029)
地区效应	是	是	是
年份效应	是	是	是
行业效应	是	是	是
观察值	103 391	103 391	103 391
R^2	0.102	0.102	0.104

我们发现加工贸易企业在我国加入世界贸易组织前后平均产品范围的变化为−0.112，非加工贸易企业受该政策影响的产品范围的变化为−0.029，那么两类企业受该政策影响的产品种类的变动差异为−0.073，表明加工贸易企业的平均产品范围比非加工贸易企业受该政

策影响后的变动程度更大，即加工贸易企业受贸易自由化的冲击更大。在贸易自由化的冲击下，企业能力边界和产品边界都会提高。我国加工贸易企业的产品附加值较低，则容易在自由化进程中遭到淘汰。

国有企业在我国加入世界贸易组织前后平均产品范围的变化为－0.087，非国有企业受该政策影响后的产品范围变化为－0.046，那么两类企业受该政策影响后的变动差异为－0.041，说明国有企业的平均产品范围比非国有企业受该政策影响后的缩小程度更大，即国有企业受贸易自由化的冲击更大。我国国有企业普遍存在一定的政府资源优势和垄断地位，组织能力与效率相对较低。在贸易自由化的冲击下，企业能力的提升对于产品范围扩大的正向影响并不能发挥出来。

比较优势产业中的企业①在我国加入世界贸易组织前后平均产品范围的变化为－0.009，非比较优势的企业受该政策影响后的产品范围变化为－0.230，那么两类企业受该政策影响后的变动差异为0.221，说明比较优势企业的产品范围比非比较优势企业受该政策影响后的缩小程度要小，即非比较优势企业受贸易自由化的冲击更大。比较优势企业生产的产品具有一定的比较优势，在贸易自由化的冲击下，即使企业能力边界和产品边界提升，对于比较优势产业中的企业的影响较小，不具有比较优势的企业的产品在自由化进程中更易被淘汰。

7.4.3 企业能力与产品范围

面板数据的豪斯曼检验结果支持固定效应模型，因此表7－4为采用面板数据固定效应估计方法验证假设3的估计结果，展示的是企业能力与企业的集约边际和扩展边际的关系。我们发现，企业的能力与企业的集约边际和扩展边际显著正相关，验证了假设3的结论。即企业能力的提升会导致企业出口数量、出口产品种类数、出口目

---

① 由于比较优势的计算不是本部分的重点，本部分直接利用杨永华（2013）的计算结果，制造业中显性比较优势指数大于0.8则认定为比较优势产业，否则为非比较优势产业。本部分采用CA代表比较优势企业，下文将“比较优势产业中的企业”简称为“比较优势企业”。

的地数量、出口覆盖率和产品—目的地平均出口额增加。①

表 7 - 4　　企业能力与产品边际

	Model 1	Model 2	Model 3	Model 4	Model 5
估计方法	Fixed-effects GLS regression				
因变量	E	V	C	D	X
ability	−0.436***	−0.509***	−0.019*	−0.023***	−0.187***
	(0.119)	(0.026)	(0.011)	(0.008)	(0.064)
size	1.005***	0.155***	0.213***	−0.044***	0.388***
	(0.009)	(0.002)	(0.002)	(0.001)	(0.004)
subsidy	−0.033	0.049	0.207**	−0.039	−0.455**
	(0.495)	(0.095)	(0.106)	(0.029)	(0.231)
leverage	0.039	−0.032***	0.090***	−0.016***	−0.063***
	(0.033)	(0.006)	(0.007)	(0.003)	(0.015)
state	−0.232***	−0.035***	−0.052***	−0.002	−0.333***
	(0.049)	(0.009)	(0.010)	(0.003)	(0.023)
processing	2.651***	0.126***	0.049***	−0.002	0.542***
	(0.028)	(0.056)	(0.006)	(0.002)	(0.013)
常数项	−3.753***	−0.326***	−0.751***	0.988***	6.880***
	(0.110)	(0.020)	(0.023)	(0.006)	(0.049)
地区效应	是	是	是	是	是
年份效应	是	是	是	是	是
行业效应	是	是	是	是	是
观察值	114 969	114 969	114 969	114 969	114 969
F 值	1 840.95	824.15	1 150.05	768.24	1 050.19
Prob>F	0.00	0.00	0.00	0.00	0.00

7.4.4　稳健性检验

考虑到变量测量的噪声和不可观测变量的遗漏可能带来的估计

① 关于控制变量，企业的规模与出口数量、出口产品种类数、出口目的地数量和产品—目的地平均出口额呈显著正相关关系，与出口覆盖率是负向的关系。杠杆率与出口数量、出口目的地数量是正向的关系，对出口产品种类数、出口覆盖率和产品—目的地平均出口额的影响是负向的。国有企业在出口数量、出口产品种类数、出口目的地数量、出口覆盖率和产品—目的地平均出口额上都比非国有企业小，加工贸易企业在出口数量、出口产品种类数、目的地数量和产品—目的地平均出口额上都比非加工贸易企业大，在出口覆盖率上比非加工贸易企业小。

偏误，我们对变量测量和内生性问题进行了敏感性测试，检验我们估计结果的稳健性。首先，我们对于核心变量贸易自由化和企业能力采用不同的测量方式进行稳健性检验。本部分在测度贸易自由化时，仅考虑企业出口的产品对应的我国进口关税税率。但是在已有研究中，贸易自由化常使用企业所在的行业进口渗透率（行业的进口额除以总产出）来衡量贸易自由化（余淼杰，2010）。我们采用行业的进口渗透率作为解释变量进行回归，贸易自由化的结果在1%的水平上，与生产率、最大产品份额显著正相关，与产品范围显著负相关。另外，本部分采用管理费用占总资产的比值作为企业能力的体现，侧重于管理效率。参考已有文献，本部分采用生产成本占销售收入的比例来作为企业能力的另一方面体现，侧重于控制成本的能力。回归结果显示，成本销售比与企业的二元边际呈显著的负相关，即企业能力与企业的二元边际呈正相关关系。上述结果与本部分的主要结论基本一致，表明研究结果是比较稳健的。

其次，企业层面的变量可能由于不可观测因素的存在或者变量测量偏误而导致解释变量内生性问题。参照已有研究，我们用解释变量的滞后一期作为当期变量的工具变量进行回归，从而在一定程度上缓解内生性问题对于估计结果的影响（施炳展和邵文波，2014；彭国华和夏帆，2013）。本部分采用两步法系统 GMM 方法克服内生性问题，回归结果与本部分结论基本一致。此外，检验判断残差项的AR(1)、AR(2) 的 P 值均大于 0.1，表明残差不存在自相关。模型中 Sargan 检验的 P 值大于 0.1，表明残差项与解释变量不相关。这些结果表明，工具变量选取符合模型设置，工具变量的选取是合理的，我们的研究结果是基本稳健的。

7.5 研究结论与政策含义

基于异质企业理论的垄断竞争模型和 CES 基本假设，本部分构建开放经济体中企业产品范围决策的一般均衡模型，研究贸易自由化、企业能力和多产品出口企业的产品范围的内在关系。本部分使

用 2000—2005 年的海关数据、工业企业数据、国家统计年鉴的价格指数以及世界银行的关税指数等微观和宏观数据来进行实证分析，在中国情境下对理论模型进行验证，研究结论如下：

第一，多产品异质性企业模型下的贸易自由化所带来的福利具有两个来源。首先，贸易自由化会通过企业间的资源优化配置导致行业平均生产率的提高（与单一产品异质性企业的结论相同）。低生产率企业退出市场，贸易自由化使得市场扩大，企业进入的期望收益上升，同时由于自由进入会使更多的企业进入市场，使得市场竞争加剧，国内市场存活企业的临界值上升，最低能力的企业退出市场，中等能力的企业供给国内市场，高能力的企业出口。其次，贸易自由化会通过企业内的资源优化配置导致企业生产率乃至行业平均生产率的提高（与单一产品异质性企业的结论不同）。企业会调整产品的组合，通过放弃产品特质比较低的产品，专注于生产高特质的产品，企业的生产率也会提高。两种效应的存在扩大了贸易带来的福利。

第二，能力越高的企业拥有越高的集约边际和扩展边际。首先，企业能力越高，企业会增加出口到某国的产品种类，即提升企业内产品扩展边际。其次，企业能力越高，企业会增加特定产品的出口目的地数量，即提升企业内国家扩展边际。最后，企业能力越高，企业会增加在某一国已出口的某一产品的出口份额，即提升集约边际。

第三，加工贸易企业、国有企业和非比较优势企业受贸易自由化的冲击更大。贸易自由化的确使得所有类型企业的产品范围缩小，但加工贸易企业、国有企业和非比较优势企业的产品范围缩小的程度更大。贸易自由化所带来的企业能力和产品特质的边界提高，使得这些企业不得不放弃较多低特质的产品来获得利润。

我们的研究给我国企业在推进新一轮改革开放的进程中如何提升国际竞争力和分享全球分工所带来的红利提供了一定的政策借鉴。贸易自由化显著提高了我国企业的生产率，并通过企业间的优胜劣汰以及企业内的产品更替，进一步推动了行业平均生产率的提升。政府可以通过建立双边和多边的高层次区域经贸合作来持续推进贸易自由化。在推进贸易自由化的同时，应多关注企业能力的培育和提升。地方政府应创造良好的基础环境，以吸引人才来服务于当地企业，简政放权，尽可能减轻企业的有形或无形负担，帮助企业提升竞争力。进一步引导加工贸易企业、国有企业和非比较优势企业的转型和发展，开展全方位制度创新、组织变革和技术更新，厘清资源配置不合理的制度障碍，扬长避短，努力培育新的比较优势和增长点，在贸易自由化进程中获得更多的发展机会。

参考文献

Baldwin J，Gu W. The impact of trade on plant scale，production-run length and diversification. *In producer dynamics*：*New Evidence from Micro Data* (pp. 557－592). University of Chicago Press，2009.

Bernard A B，Jensen J B，Redding S J，Schott P K. The margins of US trade. *The American Economic Review*，2009，99 (2)：487－493.

Bernard A B，Redding S J，Schott P K. Multiple-Product Firms and Product Switching. *The American Economic Review*，2010，100 (1)：70－97.

Bernard A B，Redding S J，Schott P K. Multiproduct Firms and Trade Liberalization. *The Quarterly Journal of Economics*，2011，126 (3)：1271－1318.

Claessens S，Tzioumis K. Ownership and Financing Structures of Listed and Large Non－listed Corporations. *Corporate Governance*：*An International Review*，2006，14 (4)：266－276.

Dixit A K，Stiglitz J E. Monopolistic competition and optimum product diversity. *The American Economic Review*，1977，67 (3)：297－308.

Eckel C，Neary J P. Multi-product firms and flexible manufacturing in the global economy. *The Review of Economic Studies*，2010，77 (1)：188－217.

Feenstra R，Ma H. Optimal choice of product scope for multiproduct firms under monopolistic competition. NBER working paper，No. w13703，2007.

Fernandes A P，Tang H. Scale，scope，and trade dynamics of export processing plants. 2015 (133)：68－72.

Iacovone L，Javorcik B S. Multi－Product Exporters：Product Churning，Uncertainty and Export Discoveries. *The Economic Journal*，2010，120 (544)：481－499.

Levinsohn J，Petrin A. Estimating production functions using inputs to control for unobservables. *The Review of Economic Studies*，2003，70（2）：317－341.

Mayer T，Melitz M J，Ottaviano G I. Market Size，Competition，and the Product Mix of Exporters. *The American Economic Review*，2014，104（2）：495－536.

Melitz M J. The impact of trade on intra - industry reallocations and aggregate industry productivity. *Econometrica*，2003，71（6）：1695－1725.

Melitz M J，Ottaviano G I. Market size，trade，and productivity. *The Review of Economic Studies*，2008，75（1）：295－316.

Nocke V，Yeaple S. Globalization and multiproduct firms. *International Economic Review*，2014，55（4）：993－1018.

Qiu L D，Yu M. Multiproduct Firms，Export Product Scope，and Trade Liberalization：The Role of Managerial Efficiency. HKIMR Working Paper No. 02/2014，2014.

Qiu L D，Zhou W. Multiproduct firms and scope adjustment in globalization. *Journal of International Economics*，2013，91（1）：142－153.

Yu M. Processing trade，tariff reductions and firm productivity：evidence from Chinese firms. *The Economic Journal*，2015，125（585）：943－988.

彭国华，夏帆．中国多产品出口企业的二元边际及核心产品研究．世界经济，2013（2）．

钱学锋，王胜，陈勇兵．中国的多产品出口企业及其产品范围：事实与解释．管理世界，2013（1）．

邱斌，刘修岩，赵伟．出口学习抑或自选择：基于中国制造业微观企业的倍差匹配检验．世界经济，2012（4）．

盛斌，毛其淋．贸易自由化、企业成长和规模分布．世界经济，2015（2）．

施炳展，邵文波．中国企业出口产品质量测算及其决定因素：培育出口竞争新优势的微观视角．管理世界，2014（9）．

杨永华．国际分割生产条件下的我国制造业比较优势分析．国际贸易问题，2013（1）．

余淼杰．中国的贸易自由化与制造业企业生产率．经济研究，2010（12）．

附录 7A　自由进入条件推导过程

产品特质在连续的对称产品中是独立分布的，企业的一系列连续产品的期望等于其每个产品的收入期望之和。每个产品的收入是关于企业能力 Φ 的方程，并且等于产品特质的概率与提供该产品所获得的期望收入的乘积。因此，在每个市场企业的总收入为：

$$y_i(\Phi)=\int_{\delta_i^*}^{\infty}y_i(\Phi,\delta)z(\delta)d\delta \tag{7-10}$$

因此，每个市场的总利润等于每个产品收入的总和的期望值减去市场固定成本：

$$u_i(\Phi)=\int_{\delta_i^*}^{\infty}\left(\frac{y_i(\Phi,\delta)}{\sigma}-f_i\right)z(\delta)d\delta-F_i \tag{7-11}$$

式中，下角标 i 为市场，取 d 则代表本国市场，取 x 则代表外国市场。企业能力 Φ 越低，产品特质边界 δ_i^* 越高，获得足够高的产品特质在该市场提供商品的可能性 $[1-Z(\delta_i^*)]$ 越低。因此，低能力的企业会向市场提供更少的产品且获得更低的利润。当企业的能力足够低时，其产生的收入已经无法覆盖其固定成本，从而造成亏损以至于退出市场。由式（7－11），也可得企业供给的零利润临界点：$u(\Phi_i^*)=0$。结合企业零利润供给临界点，产品特质临界点（式（7－7））和企业总收入（式（7－10）），可以得到本国最低限度能力的企业向 i 国提供产品的产品特质边界条件：

$$\int_{\delta_i^*(\Phi_i^*)}^{\infty}\left[\left(\frac{\delta}{\delta_i^*(\Phi_i^*)}\right)^{\sigma-1}-1\right]f_i z(\delta)d\delta=F_i \tag{7-12}$$

企业在比较进入沉没成本和进入后企业的预期价值后决定是否进入市场。企业的预期价值等于成功进入市场的概率与市场进入条件利润 $\bar{u}_i$ 的乘积。因此，市场自由进入条件为：

$$V_i=[1-G(\Phi_i^*)]\bar{u}_i=f_c \tag{7-13}$$

式中，$[1-G(\Phi_i^*)]$ 为成功进入的概率；f_c 为企业为了进入市场必须在 i 国付出的进入沉没成本；$\bar{u}_i$ 则等于对某企业的所有市场中进入某一市场的概率与进入该市场的条件利润的乘积的求和，即

$$\overline{u}_u = \sum_{i=1}^{I} \frac{1-G(\Phi_i^*)}{1-G(\Phi_d^*)} \int_{\Phi^*_x}^{\infty} u_x(\Phi) \frac{g_d(\Phi)}{1-G(\Phi_x^*)} d\Phi \quad (7-14)$$

利用企业总利润式（7－11），产品利润式（7－6）代入，自由进入条件可以改写为与零利润边界参数相关的表达式：

$$V_i = \sum_{i=1}^{I} \int_{\delta_x^*(\Phi)}^{\infty} \left\{ \left[\left(\frac{\delta}{\delta_i^*(\Phi)} \right)^{\delta-1} - 1 \right] f_i z(\delta) d\delta - F_i \right\} g_i(\Phi) d\Phi = f_e$$

（7－15）

那么，当存在本国和若干出口国时，企业的自由进入条件为：

$$V = \int_{\Phi_d^*}^{\infty} \left\{ \int_{\Phi_d^* \delta_d^*(\Phi_d^*)/\Phi}^{\infty} \left[\left(\frac{\Phi\delta}{\delta_d^*(\Phi_d^*)\Phi_d^*} \right)^{\sigma-1} - 1 \right] f_d z(\delta) d\delta - F_d \right\} g(\Phi) d\Phi$$

$$+ n \int_{\Phi^*_x}^{\infty} \left\{ \int_{\Phi_x^* \delta_x^*(\Phi_x^*)/\Phi}^{\infty} \left[\left(\frac{\Phi\delta}{\delta_x^*(\Phi_x^*)\Phi_x^*} \right)^{\sigma-1} - 1 \right] f_x z(\delta) d\delta - F_x \right\} g(\Phi) d\Phi = f_e$$

（7－16）

附录 7B　贸易自由化与企业生产率推导过程

在封闭经济体中，拥有产品特质 $\delta \in [\delta_d^{*a}, \infty)$ 的产品收入份额为：

$$\tilde{y}^a(\Phi,\delta) = \frac{y(\Phi,\delta)z(\delta)}{y(\Phi)} = \frac{(\Phi\delta)^{\sigma-1} z(\delta)}{\int_{\delta_d^{*a}(\Phi)}^{\infty} (\Phi\delta)^{\sigma-1} z(\delta) d\delta}, \delta \in [\delta_d^{*a}, \infty)$$

（7－17）

式中，上角标 a 代表封闭经济体，下文中上角标 t 代表开放经济体。为了更好地刻画在开放经济体中不同产品特质的产品的收入份额，我们需要将出口企业和非出口企业进行区分。对于非出口企业，产品特质为 $\delta \in [\delta_d^{*a}(\Phi), \delta_d^{*t}(\Phi))$ 的产品会在国内市场淘汰掉，因此会面临企业收入的下滑。对于产品特质为 $\delta \in [\delta_d^{*t}(\Phi), \infty)$ 的产品会带来收入的上升。因此，$\tilde{y}(\Phi,\delta)$ 在开放经济体中的分布是相较于封闭经济体占主导地位，因此式（7－9）的生产率会提高。

对于出口企业，对于产品特质为 $\delta \in [\delta_d^{*a}(\Phi), \delta_d^{*t}(\Phi))$ 的产品会在国内市场淘汰掉，因此会面临企业收入的下滑。对于 $\delta \in [\delta_d^{*t}(\Phi),$

$\delta_x^{*t}(\Phi)$）产品特质的产品，收入份额的变化为：

$$\widetilde{y}^t(\Phi,\delta)=\frac{(\Phi\delta)^{\sigma-1}z(\delta)}{\int_{\delta_d^{*a}(\Phi)}^{\infty}(\Phi\delta)^{\sigma-1}z(\delta)d\delta-\Delta_1},\delta\in[\delta_d^{*t}(\Phi),\delta_x^{*t}(\Phi))$$

$$\Delta_1\equiv\int_{\delta_d^{*a}(\Phi)}^{\delta_d^{*t}(\Phi)}(\Phi\delta)^{\sigma-1}z(\delta)d\delta-\int_{\delta_x^{*t}(\Phi)}^{\infty}n\tau^{1-\sigma}(\Phi\delta)^{\sigma-1}z(\delta)d\delta$$

由上式可知 Δ_1 的结果是不确定的，对于 $\delta\in[\delta_d^{*t}(\Phi),\delta_x^{*t}(\Phi))$ 有 $\widetilde{y}^t(\Phi,\delta)<>\widetilde{y}^a(\Phi,\delta)$ 。最后，拥有 $\delta\in[\delta_x^{*t}(\Phi),\infty)$ 特质的产品会有产品收入的提升：

$$\widetilde{y}^t(\Phi,\delta)=\frac{(1+n\tau^{1-\sigma})(\Phi\delta)^{\sigma-1}z(\delta)}{(1+n\tau^{1-\sigma})\int_{\delta_d^{*a}(\Phi)}^{\infty}(\Phi\delta)^{\sigma-1}z(\delta)d\delta-\Delta_2},\ \delta\in[\sigma_x^{*t}(\Phi),\infty)$$

$$\Delta_2\equiv\left[(1+n\tau^{1-\sigma})\int_{\delta_d^{*a}(\Phi)}^{\delta_d^{*t}(\Phi)}(\Phi\delta)^{\sigma-1}z(\delta)d\delta+\int_{\delta_d^{*t}(\Phi)}^{\delta_x^{*t}(\Phi)}n\tau^{1-\sigma}(\Phi\delta)^{\sigma-1}z(\delta)d\delta\right]>0$$

可证 $\Delta_2>0$，因此对于 $\delta\in[\delta_x^{*t}(\Phi),\infty)$，有 $\widetilde{y}^t(\Phi,\delta)>\widetilde{y}^a(\Phi,\delta)$ 。

暂不考虑 $\delta\in[\delta_d^{*t}(\Phi),\delta_x^{*t}(\Phi))$ 的收入份额是增或减，开放经济体的 $\widetilde{y}(\Phi,\ \delta)$ 值与封闭经济体的差值在 $\delta\in[\delta_d^{*a}(\Phi),\delta_d^{*t}(\Phi))$ 是负值，在 $\delta\in[\delta_x^{*t}(\Phi),\infty)$ 是正值。开放经济体的 $\widetilde{y}(\Phi,\delta)$ 值与封闭经济体的差值在 $\delta\in[\delta_d^{*t}(\Phi),\infty)$ 中由负值变成正值，这对于 $\widetilde{y}(\Phi,\delta)$ 在开放经济体中高于封闭经济体是充分条件。因此，多产品出口企业在贸易开放后生产率会提高。

第8章 新新贸易理论的研究方向和发展趋势

传统贸易理论以不同国家的行业之间生产的机会成本的差异形成的比较优势作为国际贸易的理论基础。比较优势理论解释了行业间贸易模式（inter-industry trade），即国家出口具有比较优势行业的产品，进口不具有比较优势行业的产品。新贸易理论以规模经济（上升的规模回报）和消费者对于多样性的偏好作为国际贸易的理论基础（Krugman，1980，1981）。规模经济的理论解释了行业内贸易模式（intra-industry trade），即国家在具有规模经济的同一行业内部既出口差异性产品，又进口差异性产品。Helpman 和 Krugman（1985）通过考虑国家之间的技术差异和要素价格差异融合了传统的贸易理论和新贸易理论，较好地解释了不同国家间和不同行业间贸易模式。

传统贸易理论和新贸易理论都假设每一个行业中存在一个代表性的企业，即同一行业内部企业之间是同质且没有差异的。20 世纪 90 年代中后期大量企业微观的经验研究表明，同一行业内部企业之间是异质的且具有差异的，主要表现在生产率、企业规模、要素密集度和员工工资等方面，而且企业间的异质性通过影响企业在微观层面参与贸易的方式决定了不同国家和不同行业之间在宏观层面呈现出来的贸易模式。以 Melitz（2003）为代表的新新贸易理论给这样一些新的现象提出了新的解释，即企业异质所带来的资源重置效应不仅发生在行业内部不同企业之间，而且发生在企业内部不同生产环节、组织方式或不同产品之间，从而不仅在微观层面提升了企业生产率，而且在宏观层面提升了产业生产率和国家竞争力，成为继比较优势和规模经济之后贸易利得的新源泉。

综上所述，国际贸易理论的演进路径主要围绕资源配置效率这一条主线，资源配置效应从产业间发展到产业内进而发展到企业内这三个层面全面提升了企业生产率和产业生产率。新新贸易理论延续这样的发展主线，从需求层面、生产层面和企业组织方式三个维度对 Melitz（2003）模型进行了全方位的拓展，使得资源配置效应在不同产品之间和不同生产要素之间以及不同的企业组织方式之间都能够得到体现，能够真实地反映国际贸易发生的微观机理，即效率与分工是促使贸易发生的根本动力，也是形成贸易利得的主要源泉。

8.1 需求偏好、产品组合与异质企业

Melitz（2003）模型继承了 Krugman（1980）新贸易理论模型中关于需求偏好的常替代弹性效用函数，即 CES（Constant Elasticity of Substitution）效用函数。CES 效用函数在垄断竞争的框架下可以获得常弹性需求函数和固定的价格加成（constant mark-ups of price over marginal cost），使得成本下降的福利能够完全由消费者获得，同时，CES 效用函数还保留了消费者多样性偏好的性质。企业在 CES 效用的假定下在可变成本与价格之间是固定加成的关系，因而厂商不能通过商品价格进行竞争，只能通过劳动力市场就劳动力

进行竞争。Bernard 等（2011）基于 CES 效用函数将 Melitz（2003）模型从单产品异质企业贸易模型扩展为多产品异质企业贸易模型。他们在效用函数中引入消费者对特定种类产品的偏好参数，因而企业不仅像 Melitz（2003）模型一样在支付进入成本以后随机抽取自己的生产率，而且在连续的消费者偏好分布中随机抽取自己生产产品的特性（满足消费者的偏好特性）。基于 CES 效用函数的多产品异质企业模型不仅解释了单产品企业存在企业间的资源重置效应，而且解释了企业内存在产品间的资源重置效应，企业会通过放弃产品特性较低的产品，专注于生产可出口的产品特性较高的产品，使得行业生产率的提高不仅来源于低生产率企业的退出，而且来源于多产品企业优化产品结构所带来的生产率的提升。相对于单产品企业而言，多产品企业模型增加了产业生产率提高的新的来源。

CES 效用函数意味着厂商不能通过价格进行竞争，国际贸易所带来的开放和竞争会使得消费品价格下降，然而价格竞争效应并不能体现出来。有鉴于此，Melitz 和 Ottaviano（2008）采用拟线性效用函数（quasi-linear utility）对于 Melitz（2003）模型进行拓展，将需求函数从常弹性需求函数发展成为线性需求函数，价格和成本不再是固定的关系，而是变动的价格加成（variable mark-ups），即成本低的企业往往有能力要求更高的加成。拟线性效用函数中企业竞争可以体现为价格竞争。另外，CES 效用函数中市场规模效应只反映在企业的生产效率上，而不能体现对于企业竞争的影响。拟线性效用函数能够体现市场规模对于企业竞争的影响，国内市场规模越大，企业退出的成本临界点越低，同时平均成本和平均价格也越低，因而消费者能够获得更高的福利。拟线性效用函数融合了价格竞争和规模效应，使得贸易开放带来的竞争效应和规模效应都能得到体现。Mayer 等（2014）基于拟线性效用函数通过引入不同产品的偏好系数将 Melitz 和 Ottaviano（2008）单产品模型拓展到多产品模型。相较于 CES 效用函数的多产品异质企业模型，拟线性效用函数的多产品异质企业模型可以衡量价格竞争对于企业行为的影响，尤其是对企业的产品组合选择的影响。企业可以放弃生产生产率较低的产品，减少产品的种类，同时集中生产生产率较高的产品，从而企业生产率得到了提高，同样为产业生产率提高提供了新的来源。

8.2 要素禀赋、规模经济与异质企业

Melitz（2003）模型假定只存在劳动投入一种生产要素。有鉴于Helpman和Krugman（1985）较好地融合了资源禀赋的比较优势理论和新贸易的规模经济理论，Bernard等（2007）通过关于劳动要素在熟练工人和非熟练工人的细分将Melitz（2003）模型由单要素模型拓展到双要素模型，能够结合行业间的比较优势和企业异质性。他们的结论表明，存在比较优势行业的出口企业生产率临界值更低，因而贸易自由化使得比较优势的行业中企业间的资源配置效应更为明显。由于在贸易自由化过程中原先大量使用的相对便宜的要素价格上升，比较优势行业中企业退出的生产率临界点上升得更多，出口企业的出口更为有利可图使得高生产率的企业扩张更快，因而比较优势行业中企业间的资源配置效应更强。Bernard等（2007）模型融合基于资源禀赋优势的贸易利得、基于规模经济的贸易利得和基于产业内资源重新配置的贸易利得，构建了一个整合现有主流贸易理论的一般模型。这一模型在贸易模式方面既能够预测新贸易理论的产业内贸易，又能够刻画传统贸易理论行业层面比较优势导致的企业出口差异，同时在福利方面增加了行业平均生产率水平变化带来的贸易利得，因而很好地反映了传统贸易理论到新新贸易理论的理论传承。

8.3 不完全契约、企业组织结构与异质企业

Melitz（2003）模型假定每一个企业只生产一种产品，生产没有中间过程，不存在组织结构的选择问题。Antràs（2003）通过考虑企业生产过程的中间环节或生产方式的最优选择（企业内生边界）

来拓展新新贸易理论，即对于具体的中间投入品，企业到底应该是自己生产（境内生产）还是境内外包（outsourcing），或者通过对外直接投资进行离岸生产（vertical FDI）还是离岸外包（offshoring）。企业和中间品供应商都需要作出关系特定的投资。由于中间品的质量和关系特定的投资都无法通过合同完全明确下来，因而不完全契约导致的敲竹杠行为会产生交易成本问题。基于不完全契约的产权学派，合同中能够明确的就是剩余索取权在最终品生产企业和中间品供应商之间的分配问题。基于不完全契约的贸易理论模型能够很好地解释资本密集型产业的公司内贸易较多，而且产业内贸易中公司内贸易也较多。

Antràs 和 Helpman（2004）基于不完全契约的分析框架拓展 Melitz（2003）模型，由单一环节的生产过程扩展到具有中间投入环节的生产过程，融合企业异质性与不完全契约下的组织结构异质性。由于境外外包的固定成本比通过对外直接投资的境外生产要低，所以只有生产率最高的企业会进行对外直接投资的境外生产，生产率较高的企业进行境外外包，生产率较低的企业只能在国内进行生产。Antràs（2014）把这一分析框架与 Helpman 和 Krugman（1985）的贸易理论模型结合在一起很好地解释了为什么资本密集型产业的公司内贸易较多（Antràs，2003），为什么跨国公司将处于生命周期早期的产品倾向于在母国生产或者倾向于投资而非外包（Antràs，2005）。对于研发要素密集的产品，剩余索取权的分配在生命周期早期应该倾向于发达国家的技术创新者，在产品标准化之后应该倾向于发展中国家的装配制造者，按照不完全契约的解释，可以给各个市场参与者提供最优的激励。因而，在异质企业贸易理论中企业的组织结构也具有异质性。

另外，Caliendo 和 Rossi-Hansberg（2012）通过考虑企业内有层级来拓展企业组织结构异质性研究。模型假定企业随机抽取的外生需求和企业组织结构共同决定了生产率水平，异质企业的经理人会通过决定企业的层级和每个层级员工的知识水平与管理范围来组织生产，产量的上升会导致层级的增加和每个员工自由度的增加，经理人直接管理的范围会减小，因此贸易自由化不仅会使得企业间出现资源配置的效率提高，而且原来的企业也会由于产量的增加或减少而改变企业内部的组织结构来实现资源配置效率的提高，成为贸易利得新的来源。

新新贸易理论在全球分工深化的大背景下很好地解释了企业主导的国际贸易模式，对新的国际贸易现象提供了新的研究视角。新新贸易理论通过企业异质视角不仅为行业内资源重新优化配置提供了理论依据，而且为企业内通过产品选择和组织结构的选择优化企业内部的资源配置从而提升企业生产率提供了理论依据。国际贸易随着当代互联网的快速发展呈现了一些新的特点，跨境电商的出现促使国际贸易朝着更加纵深、更加微观的方向发展，全球范围的生产分割（fragmentation）和全球价值链（global value chain）的形成都给新新贸易理论提出了新的挑战，使得新新贸易理论的拓展存在很多可能性。国际贸易理论微观化的发展不仅奠定了国际贸易研究新的方向和领域，而且提供了新的学术研究契机。

参考文献

Antràs P. Firms, Contracts, and Trade Structure. *Quarterly Journal of Economics*, 2003, 118 (4): 1375 - 1418.

Antràs P. Incomplete Contracts and the Product Cycle. *American Economic Review*, 2005, 95 (4): 1054 - 1073.

Antràs P. Grossman - Hart (1986) Goes Global: Incomplete Contracts, Property Rights, and the International Organization of Production. *Journal of Law, Economics, and Organization*, 2014, 30 (SUPP11): 118 - 175.

Antràs P, Helpman E. Global Sourcing. *Journal of Political Economy*, 2004, 112 (3): 552 - 580.

Bernard A B, Redding S J, Schott P K. Comparative Advantage and Heterogeneous Firms. *Review of Economic Studies*, 2007, 74 (1): 31 - 66.

Bernard A B, Redding S J, Schott P K. Multi-product Firms and Trade Liberalization. *Quarterly Journal of Economics*, 2011 (126): 1271 - 1318.

Caliendo L, Rossi-Hansberg E. The Impact of Trade on Organization and

Productivity. *Quarterly Journal of Economics*，2012，127（3）：1393－1467.

Helpman E，Krugman P. Market Structure and Foreign Trade. Cambridge MA：MIT Press，1985.

Krugman P. Scale Economies，Product Differentiation，and the Pattern of Trade. *American Economic Review*，1980（70）：950－959.

Krugman P. Intraindustry Specialization and the Gains from Trade. *Journal of Political Economy*，1981，89（5）：959－973.

Mayer T，Melitz M J，Ottaviano G. Market Size，Competition，and the Product Mix of Exporters. *American Economic Review*，2014，104（2）：495－536.

Melitz M J. The Impact of Trade on Intra-Industry Reallocations and Aggregate Industry Productivity. *Econometrica*，2003（71）：1695－725.

Melitz M J，Ottaviano G I P. Market Size，Trade，and Productivity. *Review of Economic Studies*，2008（75）：295－316.

图书在版编目（CIP）数据

新新贸易理论：异质企业与国际贸易 / 易靖韬著. —北京 ：中国人民大学出版社，2017.5
（经济学文库）
ISBN 978-7-300-24421-1

Ⅰ.①新… Ⅱ.①易… Ⅲ.①国际贸易—研究—中国 Ⅳ.①F752

中国版本图书馆 CIP 数据核字（2017）第 100846 号

经济学文库
新新贸易理论：异质企业与国际贸易
易靖韬 著
Xinxinmaoyi Lilun：Yizhi Qiqe yu Guoji Maoyi

出版发行	中国人民大学出版社		
社　　址	北京中关村大街 31 号	**邮政编码**	100080
电　　话	010-62511242（总编室）		010-62511770（质管部）
	010-82501766（邮购部）		010-62514148（门市部）
	010-62515195（发行公司）		010-62515275（盗版举报）
网　　址	http://www.crup.com.cn		
经　　销	新华书店		
印　　刷	唐山玺诚印务有限公司		
开　　本	720 mm×1000 mm　1/16	**版　　次**	2017 年 5 月第 1 版
印　　张	10.75 插页 2	**印　　次**	2024 年 7 月第 3 次印刷
字　　数	150 000	**定　　价**	78.00 元